WILEY FINANCE

"十一五"国家重点图书出版规划项目
世界财经管理经典译库子项目

RISK MANAGEMENT

威立金融经典译丛·风险管理系列

Tony Merna   Faisal F. Al-Thani

Corporate Risk Management
An Organisational Perspective

（英）托尼·莫纳　（卡塔尔）费萨尔·F. 阿勒萨尼　著　　　　姜英兵 译

公司风险管理
基于组织的视角

东北财经大学出版社
Dongbei University of Finance & Economics Press
大连

WILEY

ⓒ 东北财经大学出版社 2011

图书在版编目（CIP）数据

公司风险管理：基于组织的视角／（英）莫纳（Merna，T.），（卡塔尔）阿勒萨尼（Al-Thani，F. F.）著；姜英兵译 . —大连：东北财经大学出版社，2011.2

（威立金融经典译丛·风险管理系列）

书名原文：Corporate Risk Management：An Organisational Perspective

ISBN 978 - 7 - 5654 - 0235 - 7

Ⅰ. 公… Ⅱ.①莫… ②阿… ③姜… Ⅲ. 公司 - 风险管理 - 研究 Ⅳ. F276.6

中国版本图书馆 CIP 数据核字（2010）第 261178 号

辽宁省版权局著作权合同登记号：图字 06 - 2007 - 80 号

Tony Merna, Faisal F. Al-Thani：Corporate Risk Management：An Organisational Perspective

Copyright ⓒ 2007 by John Wiley & Sons, Inc.

东北财经大学出版社出版

（大连市黑石礁尖山街 217 号　邮政编码　116025）

教学支持：（0411）84710309

营 销 部：（0411）84710711

总 编 室：（0411）84710523

网　　址：http：// www. dufep. cn

读者信箱：dufep @ dufe. edu. cn

大连图腾彩色印刷有限公司印刷　　　　东北财经大学出版社发行

幅面尺寸：170mm×240mm　　　字数：223 千字　　　印张：12　　　插页：1

2011 年 2 月第 1 版　　　　　　　　　　　2011 年 2 月第 1 次印刷

责任编辑：刘东威　韩敌非　　　　　　　　责任校对：惠恩乐

封面设计：冀贵收　　　　　　　　　　　　版式设计：钟福建

ISBN 978 - 7 - 5654 - 0235 - 7

定价：28.00 元

译者前言

2008 年爆发的全球金融危机，对世界经济造成了严重冲击，其影响至今连绵不绝。以中国民营经济最活跃的浙江省为例，在金融危机中，特别是在银行信贷冻结时期，许多企业暴露出风险管理极其薄弱、糟糕透顶的问题；一些高风险项目和盲目扩张行为，事前并未进行风险识别、分析、预警、应对以及系统的管理，导致企业最终因为资金链断裂而崩溃。痛定思痛，唯一不变的是变动，这意味着，风险管理关乎企业的存亡。

《公司风险管理：基于组织的视角》一书，将理论与实例相结合，为企业实施风险管理机制提供了整合的方法，涵盖了组织内各层级的风险管理的所有方面（提供了一系列风险管理的工具和技术，综合了战略、运营和项目领域的风险管理主题），探讨了与融资、投资和投资组合管理有关的风险。本书针对风险管理涉及的个人和组织以及风险管理的财务方面，为学生、研究生、风险从业者、金融家和项目经理提供了有关风险管理的商业方面的大量有用信息，为理解和实施风险管理提供了结构化的实用方法，为那些希望学习风险管理过程和技术、公司和项目融资的风险、组织内风险管理的实施的学生和从业者，提供了有效的框架。

值得一提的是，本书的两位作者，托尼·莫纳和费萨尔·F. 阿勒萨尼，既对风险管理理论有着透彻的把握，又在项目投资组合的风险评估和管理实务方面积累了丰富的经验，这使得本书阐述的风险管理知识可以被快速地应用到实践中去。

本书由姜英兵翻译，在翻译过程中力求忠实于原文。由于译者水平有限，对原文的理解可能存在某些偏差，敬请读者批评指正。

姜英兵

2010 年 11 月

目 录

第 1 章 导论

1.1 引言

　　不管理风险，就无法控制风险。不控制风险，也就无法管理风险。这意味着，你只能靠碰运气。

　　　　　　　　　　　　　　　（J. Hooten，亚瑟·安达信公司执行合伙人，2000）

　　变革速度的加快，客户的需求和市场全球化，促使那些具有前瞻性的公司把风险管理提到了议事日程上。当今市场中，要想生存就必须有一套全面综合的风险管理策略。此外，凯伯里（Cadbury）委员会的公司治理报告（1992）声明：作为有效的控制系统的关键步骤之一，拥有能够恰当识别主要业务风险的程序至关重要。这一观点在由特许会计师协会发布的《联合准则董事指引》（1999）中得到扩展。基于该书的目的，这项指引被称作"特恩布尔报告（Turnbull Report）"（1999）。

　　风险管理是当今组织面临的最重要问题之一。如英国的巴林银行（Barings）和轨道公司（Railtrack），美国的安然公司（Enron）和世界通信公司（Worldcom），这些引人注目的案例足以表明没有恰当管理风险所带来的后果。例如，没有充分理解实施其战略的风险的组织，很可能走向衰退。马可尼公司（Marconi）决定进入电信部门的某个高增长领域，但显然在两个方面败走麦城。首先，成长源于并购，而由于电信部门的竞争性合并，马可尼公司为收购支付了高额溢价。其次，由于销售收入的增长低于预期，导致电信企业过度暴露于债务风险中，从而引发该行业的市场价值下跌。

1.2 风险管理的重要性

　　公司治理委员会工作组的凯伯里报告，就如何实施凯伯里准则对董事提出了要求，要求他们在披露内部控制系统的有效性时列示如下标准，以评估风险识别、评价以及控制目标的有效性：

- 及时识别关键业务风险；
- 考虑风险形成的可能性以及对业务产生财务影响的重要性；
- 设立分配可控资源的优先权，设定清晰的控制目标及沟通。

伦敦股票交易所要求每家上市公司在年度报告中声明，公司遵循了此项联合准则，或提供未遵循此准则的详细信息。之后，特恩布尔报告（1999）进一步强化和扩展了该准则。《萨班斯—奥克斯利法案》（Sarbanes-Oxley Act，2002，简称 SOX 法案）与特恩布尔报告相似，SOX 法案对美国的理财实践和公司治理规则进行了相当重要的法律变革。法案要求外国私营注册公司的首席执行官和集团财务总监在年报中就年报的真实合规性做出具体确认。

在当今快速变化的形势下，人们似乎很少意识到如下不同寻常的情形：制定决策的时间段通常变得越来越小；稀缺资源往往加大不可控风险的影响；变化的速度也意味着组织面临的风险在不断变化（与时间相关）。因此，风险管理不是静止的，而是一个可以识别的减缓的动态过程，并且应定期地审查这一过程。

1.3　风险管理的一般定义

风险管理的艺术在于识别继而合理地应对组织面临的具体风险。风险管理是一个规范的过程，包括风险识别、评估、规划和管理。

组织的每个层级都要参与风险管理，以确保风险管理的有效性。这些层级通常被称作公司层（政策制定）、战略业务层（业务范围）以及项目层（如图 1.1所示）。风险管理需要考虑这些层级的互动，反映各层级相互沟通和学习的过程。

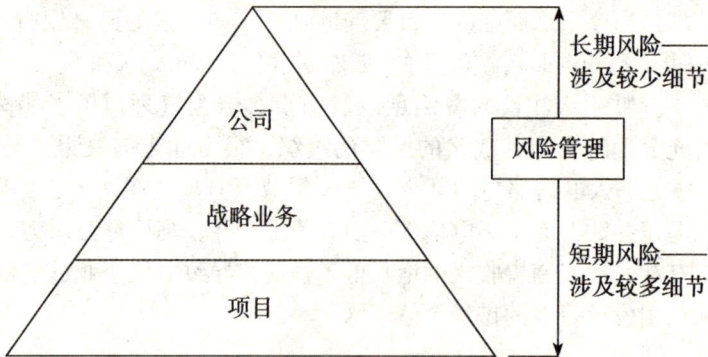

图 1.1　公司组织的各个层级

风险管理有三重目的。风险管理要识别风险，客观分析组织的具体风险，针对风险制定合理有效的应对措施。这些阶段包括，能够评估现行环境（内部和外部）以及现行环境的变化对实施中的项目或项目组合的影响。

1.4　背景和结构

本书提供了风险管理的背景知识和风险管理在组织中各个层级的职能，包括公司层、战略业务层和项目层。

图1.1描述了风险管理所关注的不同层级的典型组织结构。

通过把这些层级内的风险分类，风险可能向下或向上延伸到组织结构的任何层次。这可确定项目对哪些风险最敏感，从而采取恰当的风险应对策略，使所有利益相关者受益。

图1.1描述了公司层、战略业务层和项目层，这三个层级构成了本书的基础。虽然各层级间的信息流不是必然地由上至下或由下至上，但风险管理仍是各个层级不可缺少的一部分。莫纳（2004）认为，每个层级的风险识别依赖于评估时可得到的信息，获得的信息越多，风险评估就越详细。事实上，风险的影响是与时间相关的。

图1.2描述了风险可能产生的结果。人们通常以负面或消极的方式来看待"风险"这个词。然而，恰当的管理方式通常能使现行风险产生积极的影响。

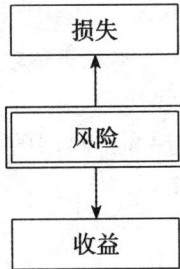

```
        ┌─────────────┐
        │    损失     │
        └─────────────┘
               ↑
               │
        ┌─────────────┐
        │    风险     │
        └─────────────┘
               │
               ↓
        ┌─────────────┐
        │    收益     │
        └─────────────┘
```

图1.2 可能的损失和收益间的风险关系

风险管理不仅应考虑威胁（可能的损失），还应考虑机会（可能的收益）。值得一提的是，损失和收益在组织的每个层级都会发生。

1.5 目的

本书的目的是分析和比较公司层、战略业务层及项目层的风险管理所应用的工具和技术，建立风险管理机制，从而有序地评估投资的各层级风险。

我们将讨论影响组织的典型风险，并通过计算机模拟解释风险建模。

本书也将考察投资组合风险管理和现金流管理。

1.6 本书的范围

第2章从项目和投资方面讨论了风险和不确定性的概念，概述了影响组织各层级风险的来源和类型。

第3章是对风险管理主题的一般介绍。本章概述了风险管理的历史，提出风险和不确定性的定义；描述了风险管理过程，包括风险识别、分析和应对；阐述风险管理的任务和益处、风险管理计划以及投资或项目的典型参与者。

第4章介绍风险管理的工具和技术。本章将技术分为定性和定量两类，然后描述如何运用这些技术。本章还给出了进行国家风险分析要考虑的因素，简要叙述了在不同国家投资的相关风险。

第5章概述项目的融资风险以及管理这些风险的不同方法，讨论了风险建模的优缺点和不同类型的风险管理软件。

第6章介绍投资组合以及选择投资组合的策略。本章考查了集束（捆绑式）项目，分析了投资组合的现金流，讨论了现金流分析的各种方法。

第7章具体介绍组织内的公司层，如公司的历史、结构、管理、董事会的法定义务、公司战略以及公司风险。

第8章具体介绍组织内的战略业务层。本章讨论业务的形成，定义战略业务单元（SBU），主要介绍这一层级的战略管理功能、战略规划和使用的模型，同时也识别了这一层级的特有风险。①

第9章具体介绍组织的项目层。本章概述项目管理的历史、功用、项目战略以及项目层的特有风险。

第10章从公司层、战略业务层和项目层的风险识别、分析及应对方面，给出了有序进行风险评估的一般机制。

---

① 译者注："strategic business units"（简称SBU）通常也可译为"事业部"，考虑到本书还大量出现"strategic business"（战略业务）一词，为保持一致，本书统一将SBU译为"战略业务单元"，其与事业部的含义是一样的，只是名称不同而已。

第 **2** 章　风险和不确定性的概念， 以及风险的来源和类型

2.1　引言

　　风险影响人类生活的方方面面；我们每天都面对风险，学习处理风险对生活的影响。在大多数情况下，我们能够通过基于常识、相关知识、经验和直觉的自发行为来管理风险。

　　本章概述风险和不确定性的基本概念，给出多种定义，讨论组织内风险的维度和对风险的理解，以及风险的不同来源和类型。

2.2　背景知识

　　不确定性影响所有投资。不过，如果信息充分，不确定性常被视为概率事件。概率以事件的发生为基础，因而必然对事件的结果产生影响。这种影响取决于事件发生的起因和对事件的描述。比如，事件的起因、描述及影响可由下面这句话阐明：

　　"不观望就过马路"很可能导致"受伤"。

　　图 2.1 通过不确定性、概率、影响和结果来说明风险的概念。

　　一旦事件发生的概率、起因和影响确定，则可计算出事件的概率分布。根据概率分布——可能性的范围——可确定风险发生的几率，从而降低事件的不确定性。

　　我们认为，通常可把不确定性解释为预言，因为预言不是以数据或经验为基础的。而预测一般是根据数据或以往经验做出的，这样就为潜在风险提供了依据。

2.3　风险与不确定性：基本概念和一般原理

根据 Chapman 和 Ward（1997）的叙述：

所有项目都有风险——零风险的项目是不值得从事的。能更好理解风险的本

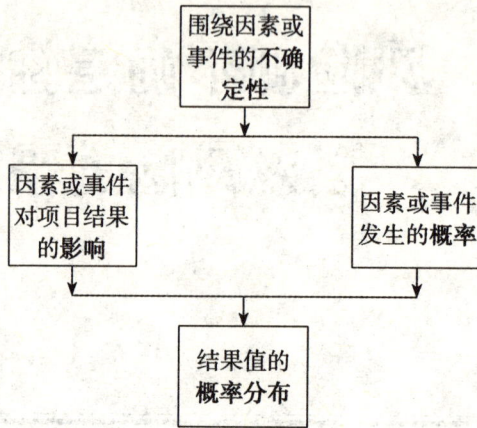

图 2.1 风险的概念（Merna 和 Smith，1996）

经 A. Merna 允许后复制。

质、更有效管理风险的组织，不仅可以避免未预料到的灾难，还能提高利润率，减少意外事故开支，从而节约资源用于其他尝试，抓住有利的投资机会，否则这些投资可能因为风险太高而被拒绝。

Bussey（1978）、Merrett 和 Sykes（1983）区分了风险和不确定性：

如果一项决策有多种可能的结果，且出现每一结果的概率为已知，则称决策存在风险。

若行动方案的结果不止一个，且每一结果的概率未知，就存在不确定性。

在今天的企业活动中，几乎所有的决策都完全依赖于财务结果。一方面，企业领导者需要知道项目的回报是否值得冒险以及风险确实发生时影响（损失）的程度。另一方面，投资者需要知道如果投资完全暴露于已识别的风险中，投资回报是否能达到其所要求的最低回报。莫纳（Merna，2002）认为：

我们正处于市场的独特角度，市场参与者开始认识到：风险需要被量化，交易中的所有参与者都应获得项目的相关信息。

因此，识别和量化与项目回报相关的风险是非常重要的。企业领导者和投资者在全面了解其收益和/或损失后，就可决定是批准还是取消一项投资或重要项目。

2.4 风险的起源

人们认为"风险"一词源于阿拉伯语中的 *risq* 或拉丁语中的 *riscum*（Kedar，1970）。阿拉伯语的 *risq* 表示"上帝赋予你的一切并且你可从中获利"，隐含着意外的、有利的结果的意思。而拉丁语中的 *riscum* 最初是指水手面临堡礁的挑战，显然暗指事件具有同样的偶然性，但却是不利的。

由 12 世纪使用过的阿拉伯词语 *risq* 演化而来的希腊派生词，似乎通常与结果的可能性相关，既没有积极正面的含义，也没有消极负面的含义（Kedar，1970）。现代法语词汇 risque 主要含有消极负面的意义，但偶尔会体现积极正面的含义，比如，"不入虎穴，焉得虎子"。而在英语常用词汇中，risk 具有明显的消极含义，例如"冒风险"或"处于危险中"，都指暴露于危险中。

由 risque 演化而来的 risk，于 17 世纪中叶出现在英语中。18 世纪前半叶，风险的英式拼写法开始出现在保险业务中（Flanagan 和 Norman，1993）。随着时间的流逝，风险一词在惯用语中的意思已经发生了变化，原先是简单描述决策或行动的意料之外的结果——好或差，现在的意思则与不希望有的结果及其发生的可能性相关（Wharton，1992）。在更科学和更专业的相关文献中，风险用来衡量各种结果出现的可能性、结果的大小或两者兼而有之。曾有人试图将结果的大小和可能性纳入到一个定义中。对许多组织而言，风险就是它们要尽力避开的一个四个字母组成的单词。

Rowe（1997）将风险定义为"事件或活动发生不希望的消极或负面结果的潜在可能性"，而许多作者将其定义为"对不利结果发生的概率和其严重程度的测量"。Rescher（1983）认为，"风险是发生消极或负面结果的可能性。为测量风险，我们必须相应地测定风险定义的成分和消极性发生的可能性"。Gratt（1987）将综合这些测量的方法描述为，"通常依据事件发生的条件概率与给定事件的结果相乘得出的期望值，来估计风险"。

那么例如，鉴于潜在的灾难，风险一词可用来测量意料外结果的大小，比如说死亡 2 000 人，或可作为（死亡）事件发生的概率，比如 1/1 000，或两者的乘积——统计期望值为死亡两人（Wharton，1992）。随着时间的推移，许多不同的、有时还互相矛盾的以及近来一些更为复杂的含义都被赋予"风险"一词。遗憾的是，与中古希腊语解释密切相关的一种简明定义却没有流行——这个定义避开了事件的有利或不利结果、概率或大小的含义。

图 2.2 中的模型表明风险由四个基本参数构成：发生的概率、影响的严重程度、变动的敏感性以及与风险的其他因素的依存度。缺少任何一个参数，情形或事件都不能真正被认定为风险。这个模型可用于描述任何投资建模中的风险情形或事件的风险分析。

风险模型的使用有助于减少对粗略判断和直觉的依赖。模型的输入由人完成，但要靠赋予智力的系统进行操作（Flanagan 和 Norman，1993）。风险模型为我们不可靠的直觉提供了后盾。模型具有两个作用：

1. 生成答案。
2. 作为沟通的媒介工具，找出可能被忽视的因素。

模型提供了一种通过系统告知风险的机制。风险管理系统就是一个模型，它提供了识别、分类、分析以及应对风险的方法。

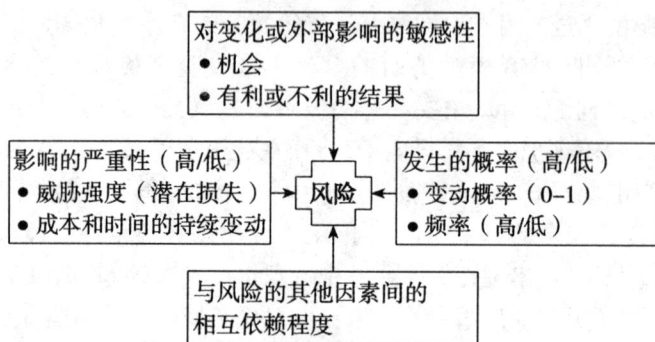

图 2.2　典型的风险参数（引自 Allen，1995）

风险的维度

风险的一般定义是，在特定时期内一些意想不到的不利结果发生的可能性，概念虽然简单，却难以应用。它不能为总体背景和怎样感知风险提供线索。大多数人认为风险由三部分构成：不利事件的发生、事件发生的可能性和事件确实发生时的结果。这三部分构成了风险评估模型的基础。Kaplan 和 Gerrick（1981）提出了记录风险的三要素：一系列情形或类似事件的发生（不利事件的发生）、事件发生的概率（不利事件发生的可能性）、对发生的事件的结果的测量。

在某些方面，这个结构带来了定义上的问题，因为它仍然需要风险评估者确定"不利"实际上意味着什么，什么样的情形或事件能导致不利事件的发生，如何测量结果的严重性。定义和测量风险的步骤包括：

1. 通过确定组织的目标和受到威胁的资源来定义什么是"不利"。
2. 识别其发生可能威胁价值来源的情形。
3. 衡量影响的严重性或大小。

结果的严重程度或大小可通过价值函数来衡量，价值函数提供了共同的标准。通过将风险的影响转化为共同的价值单位，可以用统一的单位来度量所有维度的风险的严重性。就像在经济和决策分析中应用的效用函数或一些常见的经济术语一样，价值函数单位是无量纲的（Kolluru 等，1996）。

这里的问题是，要选择一个合适的尺度来测量风险的影响，进而确定影响函数的形式。影响函数要能够代表不同利益相关者的风险，能表示风险对健康、安全、环境以及其他资产的影响。

对于风险的一个仍然相当普遍的反应就是，避开风险，尽量往好处想。另一种反应是运用专家判断、经验和内心感觉来解决问题。尽管如此，许多投资只是依据判断进行决策，而很少或没有用其他方式给予支持。

2.5　不确定性

本章前面已讨论过 Bussey（1978）、Merett 和 Sykes（1973）对风险和不确定性的区分。而 Vernon（1981）和 Diekmann 等人（1988）认为，风险和不确定性这两个术语可以互换使用，只是意思上略微有所差别。风险是指统计上可预测的事件，而不确定性通常是指不可预测的变动性的未知事件。

Lifson 和 Shaifer（1982）将这两个术语合并，将风险定义为：

对结果的估计存在的不确定性。

事件发生的可能性不能用概率估计时，就用不确定性来描述这种情形。不确定性使好的决策和好的结果之间产生分裂。风险和不确定性的主要区别在于：风险具有可度量的特性，可计算出概率，而不确定性却不能（Finkel，1990）。

Hetland（2003）认为如下结论可以澄清不确定性的含义：

- 风险暗示着有不确定的现象；
- 不确定的现象意味着结果可能是想要的，也可能是不想要的；
- 需要理解不确定性及其含义，从而恰当地管理它。

如果决策者对提议的决策及其可能的结果缺乏完整的知识、信息和了解，就会存在不确定性。不确定性有两种：一种是纯粹偶然情境下的不确定性，称为"偶然不确定性"；另一种则源于问题情境，在这种情况下，解决方案取决于判断，称为"认知不确定性"。

项目早期阶段遇到的不确定性通常是"认知性的"。认知不确定性由许多因素引起，诸如：

- 问题的建构缺乏清晰性；
- 无法确定情境的备选解决方案；
- 可用信息的数量和质量；
- 决策制定的前瞻性；
- 决策要实现的目标；
- 对决策后实施阶段的把握；
- 可用时间的多少；
- 决策者的个人能力。

上述诸多因素在私人融资计划（PFI）型的投资中都已遇到过，一旦项目开始实施，就要对经营期内的事件进行风险评估，有时经营期长达 25 年或更久。Rowe（1997）将决策制定过程中的不确定性区分为描述的不确定性和测量的不确定性。描述的不确定性表示信息缺乏，这不利于全面识别可以明确定义系统的变量。这使得决策者不能全面描述系统的自由度，例如，问题的识别和构建，解决方案，对目标和约束条件进行详细表述的清晰度。

测量的不确定性也表示信息的缺乏，然而，这些不确定性关系到对系统中每个变量进行赋值的规程。这使得决策者无法对构成系统的变量进行测量或指定具体值，例如信息质量、决策的前瞻性、实施的可能效力等因素。

实施正式项目管理的绝大多数项目必然需要管理不确定性。Chapman 和 Ward（1997）给出了一个有关项目的解释性定义：

在时间和成本约束下，人们努力将人力、材料和财力进行新的组合，按照既定规范从事独特的工作或任务，通过达到数量和质量目标，以实现统一、有利的改变。

这个定义强调了项目的一次性、引起变化的性质，强调了在严格约束下组织各种资源的需要，以及目标在项目定义中的核心作用。定义也表明，作为有效项目管理过程的一部分，需要注意项目固有的不确定性。

需要澄清不确定性的根源。通常，实施主要项目时大量新技术的使用以及其他明显重要的风险来源，激发了对正式风险管理过程的认真关注。

项目风险的一种宽泛定义为"可实现的项目绩效水平存在重大不确定性"（Chapman 和 Ward，1997）。

高风险事件具有的不确定性比同一事件的可量化风险更具未知性。如表 2.1 所示，Rafferty（1994）给出了"风险—不确定性的连续性"。

表 2.1　　　　　　**风险—不确定性的连续性**（引自 Rafferty，1994）

风险		不确定性
可量化	⟶	不可量化
统计估计	⟶	主观概率
硬性数据	⟶	有见地的意见、看法

2.6　风险的来源

风险的来源有多种，组织在决策前必须加以考虑。知道风险的来源是很重要的，这样就能对风险做出必要的识别、分析和应对。表 2.2 总结了投资在不同时期的风险来源。风险对公司层级而言可能是具体的，比如政治风险、财务金融风险和法律风险。项目批准前，战略业务层级需要对经济风险、自然风险和市场风险进行评估。项目风险可以具体到项目，比如技术、健康和安全、运营和质量风险。而在项目层级，项目经理应该确保与公司和战略业务功能相关的风险能得到充分地评估和管理。有许多这样的例子，最初在公司层级和战略业务层级评估过的风险，随着项目的进展，需要重新评估，因为风险可能影响正在开展的项目。

表 2.2　　　　　**企业项目的典型风险来源**（引自 Merna 和 Smith，1996）

标题	变动和不确定性的原因
政治	政府政策、公众意见、意识形态或观念的改变、教义、法律、无秩序（战争、恐怖主义、暴乱）
环境	土地污染或污染责任、滋扰（例如，噪音）、许可、公众意见、内部/公司政策、环境法律法规或实践或"影响"要求
计划	许可要求、政策和实践、土地使用、社会经济影响、公众意见
市场	需求（预测）、竞争、过时、客户满意度、潮流或时尚
经济	财政金融政策、税收、成本上升、利率、汇率
金融财务	破产、利润率、保险、风险分担
自然	无法预料的土地状况、天气、地震、火灾或爆炸、考古发现
项目	定义、采购策略、绩效要求、标准、领导权、组织（成熟度、责任、能力和经验）、规划和质量控制、程序、劳动力和资源、沟通和文化
技术	设计充分性、运营效率、可靠性
管制	监管者引起的变化
人为因素	错误、不能胜任、忽视、倦怠、沟通能力、文化、夜间工作
犯罪	缺乏安保措施、破坏行为、偷窃、舞弊、贪污腐败
安全	规章制度（例如清洁发展机制和工作中的健康与安全）、危险物品（COSSH）、碰撞、倒塌、洪水、火灾和爆炸
法律	与英国和欧盟指令中法律法规的变动相关

以上所列虽然范围较广，但并不完整

经 A. Merna 允许复制。

任何影响项目或经营绩效的因素都是风险的来源，这个因素对项目或经营绩效产生不确定而重大的影响时，风险就产生了。因此，项目目标和绩效标准的界定会对项目风险的水平产生根本影响。资源不足却制定严格的成本和时间目标会导致项目具有更大的成本和时间风险，因为如果目标很"紧"，则目标的实现就会更加不确定。相反，设定相对宽松的时间或质量标准，就意味着低的时间或质量风险。

然而，不恰当的目标本身就是一项风险来源。如果没有比照某些标准来确定绩效的最低水平，那么风险就会自动产生。例如，如果公司实体给战略业务单元设立了不可实现的目标，那么由战略业务单元实施的项目很可能由于不能实现目标的风险而导致失败。

Morris 和 Hough（1987）认为，设置能反映各方要求的清晰的目标和业绩标准是非常重要的，其中包括不常被视为参与者的一些利益相关者（例如，监管当局）。应该认识到不同利益相关方的不同目标以及这些目标的相互依存性。管理风险的策略不能与管理或完成项目目标的策略相脱节。

无论基本的绩效目标是什么，我们关注项目的成功及其不确定性，从而将风险定义为"对成功的威胁"。如果项目和战略业务单元的成功，仅仅是以实现某个目标和承诺而发生的相关成本来衡量，那么风险就可定义为对成功的威胁，其中威胁是由给定计划中成本超支的大小和可能性引起的，也可称作"威胁强度"。

从这个角度，我们会很自然地认为，风险管理的本质就是消除或降低业绩不佳的可能性。不幸的是，这种认识会导致对项目风险的理解非常有限。考虑不确定性的积极面通常也很重要，不确定性也可能代表机会而非威胁。

有时，从士气的角度看，机会也是非常重要的。一般来说，高昂的士气对于好的风险管理和对于团队管理一样重要。如果项目团队完全陷于恐惧之中，接踵而来的忧郁可能会毁掉整个项目。各个层级的人员若能积极寻找机会，培养应对机会的管理意愿（机会的内涵可能远远超出机会发现者的本意），则能够为系统地培养士气打下基础。

一般地说，项目风险在本质上像一头非常复杂的野兽，其行为可代表重要的含意，认识到这一点很重要。还有简单的定义，比如，"风险就是不利风险事件的发生概率和其影响的乘积"，这种定义在特定环境下是有价值的。但在管理组织内各个层级的风险以图有所成就时，项目风险管理究竟是关于什么？因此，认识项目风险的复杂性是重要的。

2.7 典型风险

2.7.1 项目风险

项目风险管理不仅要求管理项目本身的风险，还要确保项目的其他参与方也能管理他们各自的风险。例如，国际金融公司（IFC）——世界银行的一个部门，下设一个项目团队，该团队周游于国际金融公司有投资利益的地区，确保他们不仅能有效地控制风险，还能通过合同或保险适当地分担责任和转移风险。在此例中，国际金融公司类似于公司实体，检查由其战略业务单元所从事的各个项目。

所有项目都具有风险和不确定性。项目或商业资产的投资者在项目的整个完成过程中都面临风险。例如，工程项目的风险暴露程度与现有投资和预计投资的规模成正比。一般来说，从项目批准后一直到建造完工，投资者需要快速地投入大量资金（烧钱），又常常面临不确定性，因而，这个阶段对风险尤为敏感。随后运营阶段的风险与产生的收入和运营成本相关。所以，最容易受风险影响的两个阶段是：

1. 项目实施阶段（完工前）——与建设风险相关。

2. 运营阶段（完工后）——与运营风险相关，在项目运营的最初几年，风险程度最高。

Thompson 和 Perry（1992）将项目管理期间内，对项目影响最严重的风险归纳如下：

● 成本超支；

● 延期完工；

● 质量和运营要求不达标。

图 2.3 为描述财务风险的时间线。项目接近完工，负债比例最高时，财务风险最大。项目进入生命周期并产生有规律的收入时，财务风险会显著降低。

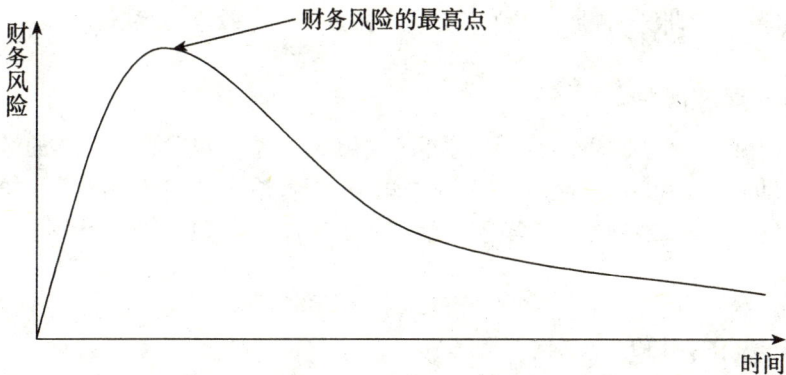

图 2.3　财务风险时间线

影响项目的风险也可分为综合风险和基本风险。

2.7.2　综合风险

综合风险源于项目的外部环境，尽管通常是可预测的，但其对项目结果的影响在项目要素内并不总是可控的。综合风险主要有四种：政治风险、法律风险、商业风险和环境风险（Merna，1996）。这四种风险通常被称为不可控风险，因为即使它们发生的概率很大，公司也无法对其控制。一般在公司层级来应对这些风险并决定是否批准项目。

2.7.3　基本风险

基本风险源于项目内部环境，在项目要素内通常是可控的。基本风险主要有四种：建设／制造风险、运营风险、财务风险和收入风险（Merna，1996）。通常认为这些风险是可控的，与项目的不同阶段相联系。基本风险主要在战略业务单元和项目层级进行评估。

2.7.4 整体风险

许多组织已建立风险管理机制来处理明显与项目相关的可控风险。多数情况下，风险识别、分析和应对，对于满足客户和项目的其他利益相关者来说都是最重要的。

不过，无形资产也存在风险，比如：市场占有率、声誉、价值、技术、知识产权（通常指数据、专利和版权）、战略／方法的变动、股东的理解、公司安全和产品质量等等。运营项目组合或商业资产组合对于组织而言极其重要（Davies，2000）。

整体风险管理是一个过程，通过风险管理，组织首先要识别和估量影响其目标的各种威胁，然后，管理或调整现有管理结构内部存在的威胁。整体风险管理涵盖了特恩布尔报告中提出的许多要素，并力图减轻股东的忧虑。

2.7.5 静态风险

人们由于厌恶风险而希望将损失降到最低点，静态风险仅与这样的潜在损失相关（Flanagan 和 Norman，1993）。例如，由于害怕失去特定产品或品牌商品的市场份额，而不敢在同一市场引进新产品或商品，这种风险就是典型的静态风险。

2.7.6 动态风险

动态风险与机会的最大化相关。动态风险意味着潜在收益和潜在损失并存。例如，Marconi 公司将业务从完善的军工市场转移到新兴的不确定的电信业，试图从中获利，就体现了动态风险。动态风险就是指，冒着发生某种确定损失的风险，以求获得某种不确定的收益。每项管理决策都要考虑动态风险，而这些动态风险仅取决于风险承担的实践规则。应该理清源于项目风险的收益和损失，进行权衡和比较（Flanagan 和 Norman，1993）。

2.7.7 固有风险

应对固有风险的方式取决于公司的性质和公司的内部组织方式。例如，能源公司就从事含有固有风险的业务——火灾、爆炸的威胁无时无处不在，就像环境恶化的风险一样。另一方面，金融机构与石油公司相比，发生火灾、爆炸的固有风险很低，但是暴露于其他不同的风险中。对行业风险管理的关注同对运营过程中实际风险的关注是同等重要的。例如，直到最近重复性劳损（RSI）问题才开始得到重视，但它正对雇主的责任保险产生影响（*International Journal of Project and Business Risk Management*，1998）。

2.7.8 或有风险

组织受到其控制范围之外但有一定相关性的事件直接影响时，会发生或有风险，比如实力较弱的供应商（*International Journal of Project and Business Risk Management*，1998）。一般会留有项目总价值的某一百分比来弥补或有风险发生时的成本。

不考虑供应商是否存在风险，就将采购总量分派给每位供应商，或有风险问题就产生了。

图 2.4 说明了组织如何简单地运用 10% 的或有风险来进行投标，不过，这样做可能会输给评估过每个供应商风险的竞争者。在本例中，第四个竞标者将会理所当然地中标。

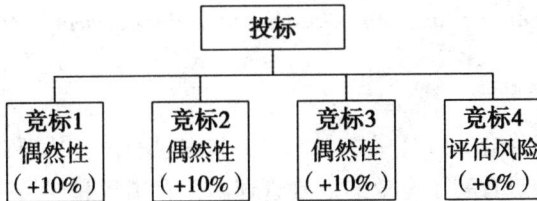

```
                        ┌──────────┐
                        │   投标   │
                        └──────────┘
      ┌──────────┬──────────┼──────────┬──────────┐
  ┌────────┐ ┌────────┐ ┌────────┐ ┌────────┐
  │ 竞标1  │ │ 竞标2  │ │ 竞标3  │ │ 竞标4  │
  │ 偶然性 │ │ 偶然性 │ │ 偶然性 │ │评估风险│
  │(+10%) │ │(+10%) │ │(+10%) │ │ (+6%) │
  └────────┘ └────────┘ └────────┘ └────────┘
```

图 2.4 有效的投标过程

2.7.9 客户风险

如果完全依赖一个客户，组织就会变得脆弱，因为客户可能会撤消业务，也可能被竞争对手挖走。通过创建大规模的客户群，可以有效地管理客户风险（*International Journal of Project and Business Risk Management*，1998）。

2.7.10 财政/监管风险

公司只有密切关注环境的潜在变动，才能期望管理好财政／监管风险。近期在英国的例子有，给军队中受歧视的妇女发赔偿金，重复性劳损补偿和异常年份中的意外所得税减免等（*International Journal of Project and Business Risk Management*，1998）。2001 年 10 月，在伦敦股票交易所上市的 Railtrack（轨道）股份有限公司，竟然在没有跟其债权人和股东磋商的情况下，就转由英国交通部管理。那些时刻承受股价波动风险的股东，很快就意识到了这一风险。

2.7.11 采购风险

采购风险是现代商业界非常重要的一部分，但直到最近这一课题才在主流学派和管理理论中突显出来。许多企业在设计并实施新的业绩评价体系，在开发评价采购作用的一些关键要素的指标时，面临着特殊挑战，这是因为采购作用在现在看来具有战略意义，但从未被认真地分析和测量过。商业风险领域是这一挑战的一个显著例子。过去一直被认为有效风险管理的主要贡献之一是，有效的采购能促进企业的发展，但其影响或结果大体上是负面的；强调供应商的最低标准确保了合同的执行。现在，风险领域的前沿从业者提出的问题更加广泛，更准确，比如使用"管理不确定性"等术语（*International Journal of Project and Business Risk Management*，1998）。

2.7.12　声誉/损害风险

声誉/损害风险就本身而言并不是风险，而是另一种风险的结果，如欺诈、建筑物毁损、不能解决客户投诉问题、不尊重他人等，是由于缺乏控制而非事件本身导致了损失。如果公司在灾后能够很好地应对媒体，就能有积极的表现（*International Journal of Project and Business Risk Management*，1998）。

2.7.13　组织风险

基础设施不完善会导致公司控制力薄弱和沟通不良，从而对业务产生各种影响。良好的沟通环节有利于有效的风险管理。只有团队和部门中的成员都充分意识到自己的责任和报告层级（尤其是在不同的组织层级间）良好的沟通才有可能实现。

2.7.14　解释风险

同一组织中的管理者和员工由于专业术语（行话）的原因而不能有效地沟通时就会产生解释风险。工程师、学者、化学家和银行家都有各自的术语。保险公司可能最该受责备，他们使用含义普通的词汇，却通过特别的方式来表达。即使同一专业内的相同词汇，在英国和美国的意思也可能不同。

2.7.15　IT 风险

IT（信息技术）业是目前增长最快的产业之一。大量的资金源源不断地投入到 IT 业中。在充满活力的环境中，迫于竞争压力，组织的成功要依赖于有效地研发和采纳信息技术，然而 IT 项目的失败率仍很高（Ellis 等，2002）。

信息软件的发展是一个必须要考虑的关键因素。Smith（1999）确认了大量的 IT 风险，包括：人手不足、无法实现的进度和预算、功能开发错误、错误的用户界面、客户要求的持续变动、缺乏外部装饰组件、缺乏外部执行任务、运营能力不足以及技术能力欠缺。此外，Jiang 和 Klein（2001）还列出了基于项目规模、技术经验、技术应用和技术复杂程度的项目风险维度。

IT 风险通常包括：

- 项目规模；

- 模糊的误导性目标；
- 缺乏高管的承诺；
- 使用者未参与；
- 不切实际的进度安排；
- 知识/技术不充分；
- 误解客户（委托人）的要求；
- 错误的软件功能；
- 软件介绍；
- 未达到终端使用者的预期。

2.7.16　欧佩克（OPEC）风险

　　欧佩克控制了全世界超过 40% 的石油产量。1973 年欧佩克宣布油价上涨 70% 并削减产量，首次引发世界经济波动。这一举措的影响立即显现，导致世界许多地方燃料短缺。这个简单的例子说明了，评估投资的经济可行性时，任何时候都不能忽略与油价相关的风险（Merna 和 Njiru，2002）。写作本书时，油价大概已涨到每桶 55 美元，这不仅是中东地区当前局势带来的结果，也是其他产油国形势不确定的结果。尽管"超前购买"是应对这一风险的常用方法，但油价的大幅度波动使得"超前购买"充满风险。

2.7.17　过程风险

　　过程风险源于项目管理过程本身。经营项目的基本要求一经确定，过程风险就产生了。项目的管理和决策制定过程，包括采用的沟通方法和文档编制标准，都属于风险范畴。

　　在项目概念和计划形成的早期，项目目标最具灵活性。项目范围的形成以及通过可行性研究反复提出的要求，都为管理风险提供了最大机会。事实确实如此，因为在项目的早期阶段，可以选择进行／终止项目，而合同一经签订，选择就少了。通常，到了项目生命周期的后期，风险提高了，影响也就更大了。

　　值得指出的是，固有风险贯穿于项目的整个生命周期。比如，在项目的基本概念大体评估完成之前的设计和规划阶段，就存在固有风险。

　　Chapman 和 Ward 认为，全面彻底的风险分析是项目管理过程的组成部分。例如，对设计阶段的检查可以引发对项目周期设计含义的进一步考虑。设计的变动可以降低制造过程／阶段的风险。类似地，公司层做出的决策可能对战略业务单元和项目层产生影响。

2.7.18　直觉风险

　　不考虑产业、组织类型和管理风格，与人为因素相关的风险控制会影响项目和投资组合的成功。人们在项目规划、设计和实施阶段的所有行为都会影响项目的成败，显然，项目生命周期的每个阶段都隐含着人为失败的风险。管理与人为失败相关的风险对成功的项目管理而言仍是一个挑战。

人们在不确定状态下做决策时，会使用无意识规则（心理直觉），对此已有大量研究。Hillson（1998）认为，如果要保持风险管理的可信性，就必须考虑心理直觉这方面，并将其作为风险管理过程的例行组成部分。需要提出一种可靠的方法来测定风险态度，这种方法能够作为风险评估的一部分，用来确认参与者之间的潜在分歧。

已有大量研究来识别那些通过结构化方法实施风险管理预期产生的收益（Newland，1997）。这些收益包括"硬"收益和"软"收益两部分。硬收益包括：

- 安排更合理、可实现的项目计划、进度和预算；
- 实现项目目标的可能性加大；
- 恰当的风险分配；
- 合理分配反映风险的偶发事件；
- 避免承担不合算项目的能力；
- 识别最佳风险承担者。

软收益包括：

- 改善沟通；
- 对项目目标达成共识；
- 增强团队精神；
- 使管理聚焦于真正的威胁；
- 促进适当的风险承担；
- 以专业方法面对客户。

2.7.19 停止运营（关闭）风险

通常，停止运营的目的是使先前处于运营状态的工厂回到未开发状态。许多行业（采矿、采石、化学工业、核电）在经营过程中，要规划工厂的终结成本，不管工厂最后是被拆除还是修复原址。项目的这些特征在成本估计和融资上会带来财务后果，而且这些后果不存在唯一答案，所以会产生风险。当今的经济环境中，在项目批准之前考虑这些风险是很有必要的。

2.7.20 制度风险

"制度"一词用于概括由组织结构和组织行为引发的风险。这些风险发生在组织和国家主体内，影响大大小小的项目（Kahkonen 和 Artto，1997）。

2.8　对风险的认知

根据 MacCrimmon 和 Wehrung（1986）的研究，不同人对相似风险情境的应对方式也显著不同。而且他们还认为，没有理由相信在特定情境下承担风险的人必然会在所有情境下都愿承担风险。例如，高空秋千表演者（被视为风险承担者）在财务上可能比较谨慎，而商品经纪人（同样是风险承担者）可能在生理或身体上很谨慎。尽管不存在评估个人承担风险意愿的标准方式，但大体上可将经理人分为三类：风险承担者、风险中立者和风险厌恶者。

经验证据表明，风险分析过程中，个人对风险的反应经常被忽视。经验、主观性和风险的形成方式在决策中都起着重要作用（Tversky 和 Kahneman，1974；Sitkin 和 Pablo，1992）。风险认知对风险承担行为有重要影响。对决策重要性的认知会影响团队的行为以及随之而来的实施方法（Sitkin 和 Pablo，1992）。认知重要性的程度也影响个人或团体的行为，并与这些行为的结果相联系（Ziegler 等，1996）。

主观性是影响风险评估的一个关键因素。对于潜在收益或损失，不应视其为简单的数学计算，而应看作通常与后果相联系的主观恐惧。人们倾向于高估"不存在的"风险，混淆事件发生的概率和结果；因此可能更关注那些概率低的事件或情境——若发生，会造成重大影响——而不是概率高但潜在损失低得多的事件或情境。个体对风险的评估存在明显差别，从而导致对同一环境的评估可能会有所不同。基本上，人们不善于评估风险。证据表明，个人不大明白、信任或准确理解概率估计（Slovic，1967；Fischhoff 等，1983；March 和 Shapira，1987）。

公司不同层级的利益相关者都要识别风险。例如，公司层可能关注与政治、法律、监管、声誉以及财务等因素相关的风险，这些风险同时对公司和战略业务单元产生影响。公司层级面临的这些风险通常用定性方法进行评估。最近，美国安然（Enron）公司和爱尔兰联合银行（AIB），由于组织内的欺诈行为而声誉扫地。战略业务单元鉴于自身业务特点，会更详细地考虑上述风险，并考察与业务、项目、环境、市场、安全和计划相关的风险。项目层会更详尽地对与特定项目相关的风险进行定量评估，这些风险包括项目的方案、计划、建造、生产、产品、质量、运营和维护、技术风险以及特殊风险。

2.9　投资中的利益相关者

所有投资都有来自内部或外部的利益相关者。利益相关者都要清楚潜在风险可能贯穿项目始终。比如，为公司提供权益资金的股东应该知道，公司在用他们的资金冒险。

虽然股东默认存在风险，但他们有保留或抛售股票的权利。如果公司决定进行一项特定投资，而股东却不知道，这会导致股东的股票价值急剧下跌。

Johnson 和 Scholes（1999）将利益相关者定义为：

利益相关者就是那些依赖组织实现其自身目标同时帮助组织实现目标的个人或团体。

因此，利益相关者还应包括那些经常对项目产生负面影响的外部利益相关者，比如环保组织和自然环境保护论者，这样做对公司而言是重要的。

Mills 和 Turner（1995）提议，使用政治、经济、社会和技术（PEST）四因素分析法来研究利益相关者在项目中的地位。这种方法集中分析每位利益相关者对项目的政治、经济、社会和技术影响。利益相关者的准确定位可由其在公司层、业务层和项目层的具体作用而相应地进行推断。

Winch（2002）认为，将利益相关者划分为不同类型有助于分析问题进而管理问题。其通常分为两类：与客户签有法定合同的内部利益相关者，在项目中也有直接利益的外部利益相关者。内部利益相关者又分为两类：聚集在需求方（客户）一边和聚集在供应方一边。外部利益相关者可分为私人和公众两部分。表2.3 的例子阐明了这种分类。

表2.3　　　　**内部和外部利益相关者**（引自 Winch，2002）

内部利益相关者		外部利益相关者	
需求方	供给方	私人	公共机构
委托人	建筑师	当地居民	监管机构
融资方	工程师	当地的土地所有者	地方政府
委托人的雇员	主要承包商	环保人士	国家政府
委托人的客户	行业承包商	自然资源保护者	
委托人的租户	材料供应商	考古学家	
委托人的供应商			

对管理者而言，关注那些有兴趣而且确实能够妨碍项目成功的个人或团体是非常重要的。这反映了一个事实，利益相关者的既得利益也许并不总是有积极意义的。

2.9.1　识别利益相关者

就个人而言，识别那些对投资或项目的过程或结果产生影响的个人或团体是至关重要的。首先，搜集那些对投资生命周期内外的业务风险有潜在影响的信息，这也是风险管理中应对人为因素的第一步。要取得有关利益相关者的能力、看法、价值和动机的关键信息。然而，在当今充满风险的商业环境中，项目经理只能掌握项目内少数利益相关者的信息，而忽略了许多被视为不重要的、超出其控制的外部利益相关者的信息。这样一来，许多对项目有影响的"贡献者"及其带来的风险，在风险分析过程之中就没有被考虑。

2.9.2　利益相关者视角

利益相关者视角对风险管理而言尤为重要，它关系到每个利益相关者"观察"和理解事物的方式，例如，项目、项目目标、其他利益相关者、潜在收益和损失，及其与项目或投资的关系。利益相关者对其自身任务、作用和目标的不同看法和视角，构成了风险管理中的重要因素（Sawacha 和 Langford，1984；Pidgion 等，1992；Pinkley 和 Northcroft，1994）。

建立关于公司或项目的利益相关者视角或心理模型，能够识别除其他风险外存在冲突的潜在领域，识别利益相关者对角色、作用和责任的不同看法，以及对风险和风险管理的不同态度。识别利益相关者的视角有助于提出恰当的干预策略，从而通过项目风险管理来降低风险和不确定性。

2.9.3　利益相关者认知

如何界定风险决定了利益相关者对风险的反应。风险常被当做危险、故障或未实现的进度和预算，而非被宽泛地定义为关于计划行动和项目过程精确结果的不确定性（March 和 Shapira，1992）。跟其他利益相关者一样，项目经理对风险的看法也取决于其对风险的认知，这种认知可能是基于对控制的错误理解。如果许多风险因素不被看作风险，而视为管理的例行任务，那么这些重要风险就可能会被排除在风险管理计划之外。模棱两可的管理任务会导致项目经理心理不适，逃避对问题的深入思考，转向更明确可见的领域。文化因素同样也会导致误解（Hugenholtz，1992）。利益相关者视角就像"放大镜"，通过它可评估问题与事项（Pinkley 和 Northcroft，1994）。利益相关者的看法大多具有社会性和主观性，因而不能简单地将这种看法或认知抽象为风险数学模型中的因素（Pidgion 等，1992）。强调风险分析的量化程序，比如定量风险分析，常常导致项目经理忽视那些很难或不可能量化的风险因素。结果，大量使潜在风险被排除在外，有的甚至未被识别。

2.10　本章小结

人类存在不可避免风险。长期以来，人们已发展出了许多方法以便在持续变化的环境中求得生存。现代风险管理实践的形成也是基于同样的哲理。

促进风险管理迅速发展的原因之一是项目的失败，比如，未达到预算目标、完工逾期、质量和绩效不达标、收入不足以偿还本金和利息。从失败项目中汲取的教训可以促进风险管理得到更好地实施。

显然，所有层级的风险都应进行评估。公司层的风险会影响公司的声誉和融资能力，战略业务单元需要考虑与项目组合相关的风险。项目经理应该充满信心地管理与项目有关的风险，以及那些虽在其管理范围之外但已在公司层或战略业务单元层被评估过的风险。所有层级的管理者都应意识到风险能够带来收益，而不应只考虑风险的负面影响。

本章介绍了风险和不确定性的概念及其来源，风险的起源和风险的维度，概括了风险的不同类型和对风险的不同认识，最后还讨论了投资或项目的利益相关者。

第 3 章 风险管理的演进与 风险管理过程

3.1 引言

本章简要叙述风险管理的演进过程，阐述风险管理过程的三个主要阶段，即风险识别、风险分析和风险应对，分析风险管理如何"嵌入"组织，概述风险管理的受益者。我们还讨论了一般化的风险管理计划（RMP），在此基础上，论述了所有风险管理行为以及公司层、战略业务层和项目层的风险管理活动。

3.2 风险管理的演进

Archibald 和 Lichtenberg（1992）认为：风险现在被公认为真实管理过程的一部分。目前，在公司层、战略业务层和项目层的计划和投资管理中，风险管理构成了更令人振奋的重要部分，因而也是一项需要认真对待的职能。

3.2.1 风险管理的产生

机会和运气的思想在原始社会就已存在。掷骰子之类的游戏至少可以追溯到两千年前。

最初用来预防不幸的保险可能源于弥补海难造成的货物损失，这种保险起源于《汉摩拉比法典》（Hummurabi Code）。法典规定，船主可贷款支付运费，但如果货船失事，则可以不必偿还贷款。

早在 18 世纪，我们现在所知道的保险公司就已经产生了。1752 年，本杰明·富兰克林在美国设立了第一家火灾保险公司，称作"第一美国"。伦敦的劳埃德（Lloyd）保险社成立于 1771 年，当时几个英国商人联合他们的资源为客户海上运输的潜在损失承保，也就是我们现在所说的海损保险。

在 20 世纪，"管理科学"中的概率论发展很快，正式的风险管理也随之产生。这种方法由 Chapman（1998）进一步完善，并由 Chapman 等人应用和推广开来（Jia 和 Jobbling，1998）。

3.2.2 20 世纪 70 年代的风险管理——早期起步阶段

在 20 世纪 70 年代项目风险管理出现之前，几乎没有人讨论过风险，人们忽略风险对公司和项目的影响，这是因为人们还未意识到风险，或者即使存在风险也可能被掩盖了。在风险管理产生之前以及之后不长的时期内，风险和不确定性曾被视为应尽力避开的灾祸（Archibald 和 Lichtenberg，1992）。

在整个 20 世纪 70 年代，项目风险管理得到了迅速发展。首先是定量评估，其后发展出风险管理的方法论和过程。20 世纪 70 年代末，项目管理的学者和专家认识到需要将风险分析和管理应用于项目管理，有几位专家发表了相关论文。

3.2.3 20 世纪 80 年代的风险管理——定量分析居主导地位

20 世纪 80 年代初，风险管理被普遍视为项目管理研究的一项具体课题（Artto，1997）。风险识别、风险估计和风险应对的范围一般众所周知（Lifson 和 Shaifer，1982；Chapman，1998）。有关风险管理的论述强调定量分析，其中一些提到了 PERT（项目评估和审查技术）的三重估计，比如乐观的、中性的、悲观的及其他更新颖的概念。

项目风险管理的应用主要聚焦于时间和成本目标以及项目评估（可行性研究）上。利用概率分布来分析成本和时间风险的软件，经常应用于大项目。大型工厂项目和复杂过程大量运用风险分析和管理。在当时，比如英国石油（BP）和挪威石油公司，在风险管理方法和风险分析技术的发展和应用阶段，就率先尝试了项目风险管理的方法。英国石油公司开发了用于内部使用的 CATRAP（成本和时间风险分析程序）软件。这一软件允许采用主观概率分布进行风险建模，并成功应用于北海的近海石油平台项目。挪威石油公司开发了 NPC 软件应用于同类项目。NPC 同 CATRAP 一样，也是采用主观概率分布进行风险测量和建模。NPC 还能根据实际的成本和时间数据计算出客观概率分布，从而将主观概率分布和客观概率分布结合起来，将成本和时间风险整合到模型中。20 世纪 80 年代后期，CASPAR（项目风险评估的计算机辅助软件）进一步发展为 UMIST，为公司和项目提供风险分析结果（Jia 和 Jobbling，1998）。

风险和风险应对的图解方法应用于 20 世纪 80 年代。这些方法是基于这样的一种观念：如果不考虑可能的风险应对，就无法如实地为风险建模。风险应对之所以构成风险分析的重要组成部分，原因有四个：

1. 在不同的风险应对情形中，对剩余风险的估计通常是不同的。
2. 风险应对需要时间和金钱，因而需要重新调整相应的进度表和成本估计。
3. 精确的风险分析数量模型应包括风险和风险应对，因为如果没有这两部分，就会歪曲对情境的认识。
4. 对某项风险的具体应对可能产生其他情况下并不存在的派生风险。

因此，如果某个风险情境中存在几个备选应对方案，为了选择最佳方案，风险分析模型中必须包括风险应对及其结果。量化得到的结果将为风险分析提供有价值的信息。

20世纪80年代末既是影响图解分析法和概率理论结合使用的起点，也是系统动力学应用的开始。这些技术已经发展到了更高的水平。现在的商业软件都同时采用了这些方法。

3.2.4 20世纪90年代的风险管理——强调方法论和过程

现在所使用的绝大多数风险管理方法都是基于20世纪80年代的方法发展而来的。调查问卷和检查表的使用却是在20世纪90年代才得到大力发展，其进一步发展促使了知识型系统理念的产生。

20世纪80年代提出的与风险契约分配相关的一些重要原理，在90年代继续使用。合作和"联盟"战略的提出避免了传统的契约竞争，产生了风险和收益分担的方法，这种方法在资本项目中得到重点应用。

值得注意的是，风险管理的重心已由定量风险分析转移到当前强调对风险管理过程的理解和完善上。20世纪80年代时使用项目风险管理软件作为分析工具，而现在则倾向使用风险量化和建模工具以促进沟通和应对计划项目的团队合作，而不是简单的分析（搜集信息并做出应对）。当前的风险量化和建模技术不仅可以提升关于项目的洞察力和理解力，还是项目团队成员和利益相关方交流信息的途径之一。

20世纪90年代以来，有关风险管理过程的提议纷纷涌现，所有这些提议都包含了一种规范的方法，比如：

- 简单的一般风险管理过程：风险识别、风险估计、风险应对和归档；
- 五阶段过程：过程范围、团队、分析和量化、后续的分解和量化以及结果。

风险管理无疑是审慎的项目和业务管理的重要组成部分，但要证明这一点可能不总是那么容易。风险管理带来的好处通常是不可见的，而成本却显而易见。为了成功地推广风险管理，关注其带来的好处是非常重要的，比如，可以引证现实生活中的例子，并满足组织内真正的需要（Wightman，1998）。

过去许多组织在某种程度上孤立分裂地看待风险管理。而现在越来越多的组织认为这是行不通的，开始采用一种更加全面的风险管理方式。例如，处在风险管理前沿的组织现在都设有风险委员会，风险委员会的主席一般由董事会的重要成员或能够胜任管理风险的人士担任，对组织的风险管理负全部责任。孤立地看待风险管理的方法已不再奏效。此外，董事会或管理委员会已明确将风险管理提上了工作日程。

3.3 风险管理

风险管理可定义为：个人或组织为尽力改变源于自身业务的风险而采取的一系列行动（Merna，1996）。

Meulbroek（2002）认为风险管理的目标是：

股东价值最大化。

Handy（1999）将风险管理概括为：

风险管理不是脱离管理的一项单独行动，它是通过管理……预测和计划以预防……预兆了糟糕管理的反应。

风险管理既处理可投保的风险，又处理不可投保的风险。风险管理是一个正规有序的过程，它通过系统地对项目生命周期内的风险进行识别、分析以及应对，从而消除风险或将风险控制到最佳或可接受的程度。

Smith（1995）认为风险管理是项目和商业计划周期必不可少的一部分：

- 风险管理要求承认存在不确定性；
- 风险管理通过备选方案、解决措施和或有事件来有层次地应对风险；
- 风险管理是一个充满想象力和创造力的思考过程；
- 风险管理促使员工为风险事件做准备，客观现实地看待投资，而不是在风险发生时手足无措。

最基本地，风险管理包括以下几部分：识别风险、预测风险发生的可能性和严重程度、制定应对风险的决策以及执行这些决策。

3.4 风险管理的过程——风险识别、分析和应对

项目管理的文献中，已大量阐述过有关风险管理的规范性理解。为将这种观念发展为一种管理工具，本书着重描述实施风险管理的过程。

根据 Smith（1995）的描述，风险管理的过程包括：

- 识别风险／不确定性；
- 分析风险／不确定性的含义；
- 应对风险以实现风险最小化；
- 合理分配或有事件。

风险管理是一个持续的循环过程，而非线性过程。因此，随着投资或项目的进展，由风险识别、分析、控制及风险报告构成的循环会持续不断地进行。

风险分析和风险管理在许多领域已实施了多年，逐渐成为全面业务管理方法不可或缺的一部分，也越来越广泛地应用于大型项目。某些情况下，风险分析和管理已成为融资计划和监管批准的法定要求。现在，许多客户要求承包商识别投

资中的潜在风险，并阐明风险发生时如何管理。

尽管风险分析在主要项目中越来越重要，但仍缺乏标准的分析技术、因素和方法。为了解决这一问题，许多组织和研究机构提出了描述风险管理过程的方法。这个过程主要包含几个典型阶段：Merna（2002）认为风险管理有三步骤，即风险识别、风险分析及风险应对，并分十五步依次解释了风险管理；而 Boswick 1987 年的论文（PMBOK，1996）、Eloff 等人（1995）以及英国标准 BS 8444（BSI，1996），提出了风险管理的四个阶段。项目管理学会（PMI）在《项目管理知识体系指南》（PMBOK，1996）一书中也指出项目风险管理由四个阶段构成。

Chapmam 和 Ward（1997）认为风险管理过程由八个阶段组成。每个阶段都宽泛地规定了可达到的目标（起初可能无法完成的目标），讨论制定每个目标的意图及达到目标需要完成的工作。风险管理过程的八个阶段和目标体系概括如下：

- 界定：这个阶段是为了强化和合并项目的所有相关信息，并查漏补缺。
- 聚焦：该阶段是为风险管理过程开发战略计划，并规划运营层的风险管理过程。这个阶段应充分、清晰、明确地了解风险管理过程的所有相关方面，有关风险的文件记录、核对和报告都源于此阶段。
- 识别：这个阶段主要识别风险的来源，确认积极应对风险的策略以及风险应对可能会出现的问题。这个阶段，应确认所有重要的风险及应对风险的措施，将风险划分为威胁和机会两类，描述它们的特征，将其记录、核实和报告。
- 构造：该阶段对一些简化的假设进行检验，适当的话则构造更为复杂的假设。这些假设是关于风险、风险应对和基准计划行为之间关系的。这样做的好处是对重要简化假设的含义有个清晰的理解。
- 所有权：这个阶段需要对风险的归属、管理及应对进行分配，比如将客户风险分配给记名的个人，批准对承包商的风险分配。这里对风险进行了明确的归属和分配，这些分配的界定是有效的，在法律上是可实施的。
- 估计：这个阶段要识别明显存在重大不确定性的领域和可能存在重大不确定性的领域。在此基础上，可以知道哪些风险及其应对是重要的。
- 评估：此阶段要综合和评估在估计阶段得出的结论。在这个阶段，要诊断所有重大难题，要比较分析应对这些难题的后果，同时还应像风险排序一样对具体目标进行细化，或对基础计划、可能存在困难的或有计划以及修订计划进行比较。
- 计划：这个阶段要准备好实施的项目计划。这个阶段的目标有：
  ○ 实施阶段需要详细的行动基础计划，适当清楚地规定时机、优先级、所有权以及相关资源的使用/合同条款，包括开始支付的时间表，界定支出的其他事件或过程以及相关的基础计划支出。

　　○对威胁和机会的风险评估，应按照未给定应对方案的影响和潜在的合意性进行评估和排序，同时应对潜在的主动和被动的备选应对方案的影响进行评估。

　　○活动规则中提出的主动或被动的或有计划，应适当清楚地规定时间、优先级、所有权和相关资源的使用/合同条款，包括启动或有应对方案的触发点和评估其影响。

　　○管理阶段包括：监督、控制和便于快速付诸实施的开发计划。这个阶段允许回顾早期计划并在适当时拟定进一步的行动计划。此外，在重大事件和制定有关的后续计划后，要报告例外（变动）。

　　Chapman 和 Ward 认为，公司和战略业务层级的要素也应包含在风险管理过程中，因为在项目批准前，也需要识别这两个层级的风险。

　　为勾勒风险管理的过程，我们利用 PMBOK（1996）系统对风险管理的必要过程进行了简单描述，即：

- 风险识别；
- 风险量化和分析；
- 风险应对。

　　PMBOK（1996）规定，项目风险管理包括风险识别、风险分析及风险应对三个阶段，还包括最大化有利事件的结果和最小化不利事件的结果两个方面。下面将讨论项目风险管理的主要过程。

3.4.1　风险识别

　　风险识别包括确定有可能影响项目的风险，并记录每项风险的特点。风险识别既要关注内部风险，又要关注外部风险。风险的主要来源——可能对项目产生重要影响，应根据它们对项目成本、时间进度和项目目标的影响进行确定和分类。

　　风险识别采用历史信息和当前信息，它在项目评估的早期是必需的，应在详细分析和分配风险之前完成。在项目的所有阶段，有必要定期地实施风险分析。公司层级和战略业务层级的风险识别与项目层级的类似。

　　3.4.1.1　风险识别过程的输入和输出

　　为了考察风险识别过程，应考虑它的输入要求和输出结果或预期目标。风险识别包括确定可能影响项目的风险和记录每项风险的特征两部分。风险识别的输入包括：

- 产品或服务描述；
- 其他计划输出，例如，任务分解结构、成本和时间估计、规格要求；
- 历史信息。

输出包括：

- 风险的来源；
- 潜在的风险事件；
- 风险特征；
- 其他过程的输入。

风险识别以后：

- 核实风险——例如，应核实风险所依据的信息和检查风险特征描述的准确性；
- 考虑风险应对方案。

风险识别的目的：

- 识别和找出风险管理中最重要的参与者（利益相关者），为随后的风险管理打下基础；
- 提供所有必要的信息为风险分析做好基础性工作；
- 识别项目或服务的构成要素；
- 识别项目或服务的固有风险。

3.4.1.2　风险管理过程的参与者

为进一步深化上述观点，在风险识别开始之前，必须在风险管理过程的参与者之间分配责任。无论在什么样的组织架构内实施风险管理过程，都必须得到最高管理层的支持，否则就无法取得必要的信息，组织也就不能从风险管理的实施中受益。风险管理类似于价值管理，通过委派经验丰富能够胜任的人员主持会议，这样一来，就能在会议上识别和关注那些潜在风险。

风险识别的参与者一般包括负责项目实施的个人和那些能掌控或熟悉项目的业务、技术以及组织内外所面临风险的人员。

3.4.1.3　信息收集和项目界定

风险识别过程依赖于信息，这些信息不一定能够轻易得到。信息可能是经过处理的历史数据，通常是以前项目和经营的风险记录或是来自外部的信息。风险管理过程的信息基础越好，它的结果就越准确。因此，确定收集哪些信息，信息收集的来源和方式，以及何时取得都是风险识别的重点。这个阶段需要：

- 收集现有的关于项目的信息，包括项目的范围、目标和战略；
- 弥补现有信息的空白和不足，以达到清晰、明确、共享地理解项目的目的。

3.4.1.4　风险识别过程的输出

对可能影响项目的风险的记录主要来自于风险管理过程。应该全面地描述和确认每项风险以及初始的风险应对方案，关键是要对项目面临的威胁和机会达成清晰的共识。

图 3.1 表示风险识别的过程。

```
                    ┌─────────┐
                    │  开始   │
                    └────┬────┘
                         │
                         ▼
              ┌─────────────────────┐
              │  分配风险管理过程责任  │
              └──────────┬──────────┘
                         │
                         ▼
┌─────────┐       ┌─────────────┐
│  信息   │──────▶│ 界定投资/项目 │
└─────────┘       └──────┬──────┘
                         │
                         ▼
              ┌─────────────┐       ┌─────────┐
              │  风险识别过程  │◀──────│  技术   │
              └─────────────┘       └─────────┘
┌─────────┐          ▲
│利益相关者│──────────┘
└─────────┘          │
                     ▼
```

┌──┐
│   输出   │
│ • 对风险特征的确认、描述和记录   │
│ • 所有的利益相关者都清楚地理解与项目   │
│   有关的威胁和机会   │
│ • 初始风险应对方案   │
└──┘

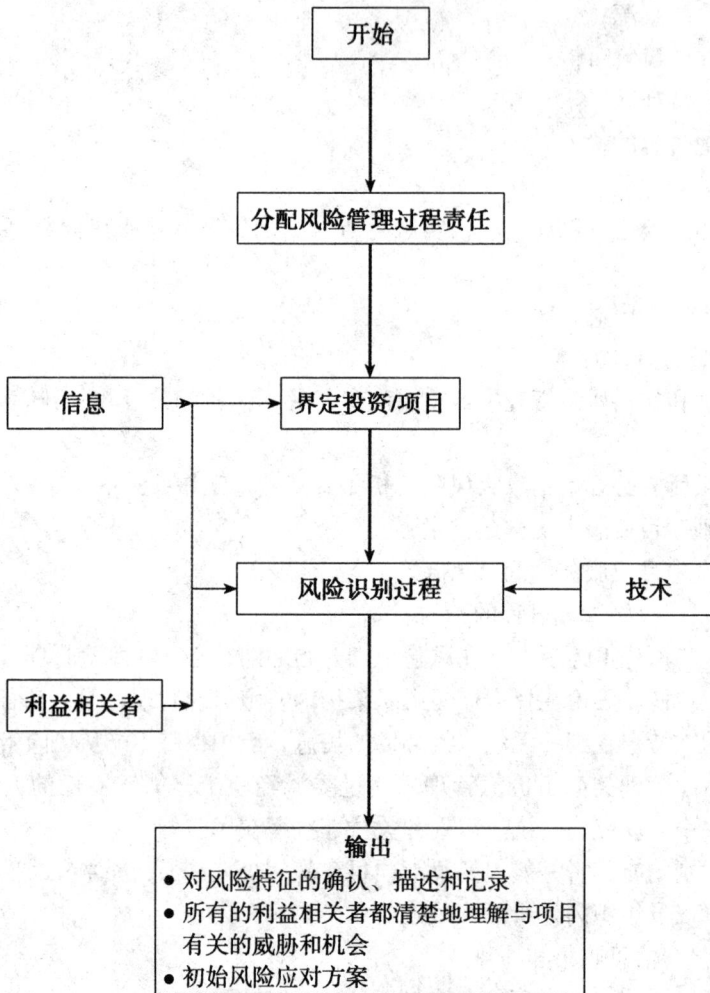

图 3.1　风险识别过程

3.4.2　风险量化与分析

　　风险量化与分析是指评估风险和风险间的相互作用，以估计可能结果的范围。这主要用来确定需要应对哪些风险事件。风险分析／量化和分析过程采用了大量工具和技术，第 4 章将讲解这些工具和技术。

　　风险量化与分析的结果主要是列示应该抓住的机会和需要关注的风险。这个过程还应记录风险来源和管理团队已决定接受或忽略的风险事件，以及做出这些决定的个人。

　　Dawson 等人（1995）认为风险管理的目标是风险分析的重要组成部分。风险管理的目标就是确定风险与机会之间的平衡，帮助管理者改变局面，抓住机会，避开风险。这些风险和机会从公司层级和通常的项目层级来看，可能是不同的。风险和机会的区分，就项目层级而言，应根据项目承担风险的目的来识别；对公司层级而言，应根据公司的目标来识别。这两个层级的目标是不同的，但又是紧密相连的。比如，公司的目标可能包括短期内为特定的工作提供更多的经验，而能使这一目标实现的项目所具有的风险可能会影响项目的盈利能力和管理者对项目的看法。因此，为了实施风险管理，应该清楚地界定组织内各个层级的目标。

风险量化与分析过程主要有两类方法：定性分析和定量分析。

定性分析包括编制风险列表和描述风险的可能结果。定性分析不产生数值评估，它描述了风险的性质，有助于提高对风险的认识。分析人员通过这种方式能够集中时间和精力关注对风险最为敏感的领域。

定量分析通常利用统计数据和计算机模型进行风险分析。本书第 4 章讨论定性分析和定量分析技术。

图 3.2 表明了风险量化与分析的过程。

3.4.3　风险应对

风险应对包括明确增加机会的步骤和应对威胁两部分。对威胁的应对一般分为以下几类。

3.4.3.1　风险规避

风险规避要求消除特定的威胁。这可以通过消除项目风险的来源或拒绝接受暴露于风险中的项目或业务来实现。

Al-Bahar 和 Crandell（1990）通过下面的例子来说明后一种风险规避方法。希望避免与石棉相关的潜在损失的承包商，绝不会接受任何经营过程中需要石棉的项目。但同样的情形，从客户的角度来考虑，也可用来说明如何消除项目内的风险来源。如果重新设计设备，新设备可以使用石棉的替代材料，那么就可消除此种风险。

3.4.3.2　降低风险

风险的重要性与风险发生的概率和风险发生时对项目结果的影响相关，降低风险需要降低风险的概率或减小风险的影响（或两者兼而有之）。例如，在建筑工地上，工人由于物体坠落而受伤的程度，可通过强制要求戴安全帽来降低，而采用更安全的工作条例可以减小物体坠落的可能性。

3.4.3.3　转移风险

项目可视为与风险和收益相关的一揽子投资。通常，项目或业务都会涉及众多的利益相关者，每个利益相关者为了获得收益都要承担相应的风险。例如在设施建造项目中，与建造相关的部分风险，从由客户承担被转移到了由施工的承包方承担；再如，项目要在明确规定的时间内竣工。考虑到这些风险，承包商就期

```
┌─────────────────────────────────────┐
│          风险识别过程的输出            │
│  ● 对风险特征的确认、描述和记录        │
│  ● 清楚地理解与项目有关的威胁和机会     │
│  ● 初始风险应对方案                   │
└─────────────────────────────────────┘
                   │
                   ▼
┌──────────┐    ┌──────────┐    ┌──────────────┐
│   信息    │──▶│   筛选    │◀──│  定性分析技术  │
└──────────┘    └──────────┘    └──────────────┘
                   │
                   ▼
              ┌──────────────┐
        ┌────▶│  风险分析过程  │
        │     └──────────────┘
┌──────────┐                   ┌──────────────┐
│ 利益相关者 │                   │  定量分析技术  │
└──────────┘                   └──────────────┘
                   │
                   ▼
┌─────────────────────────────────────┐
│                输出                  │
│  ● 清楚地理解需要应对的威胁和需要抓住的机会  │
│  ● 所有利益相关者都知道投资/项目的风险敞口的分布 │
│  ● 最重大的风险                       │
│  ● 项目结果值的概率分布                 │
└─────────────────────────────────────┘
```

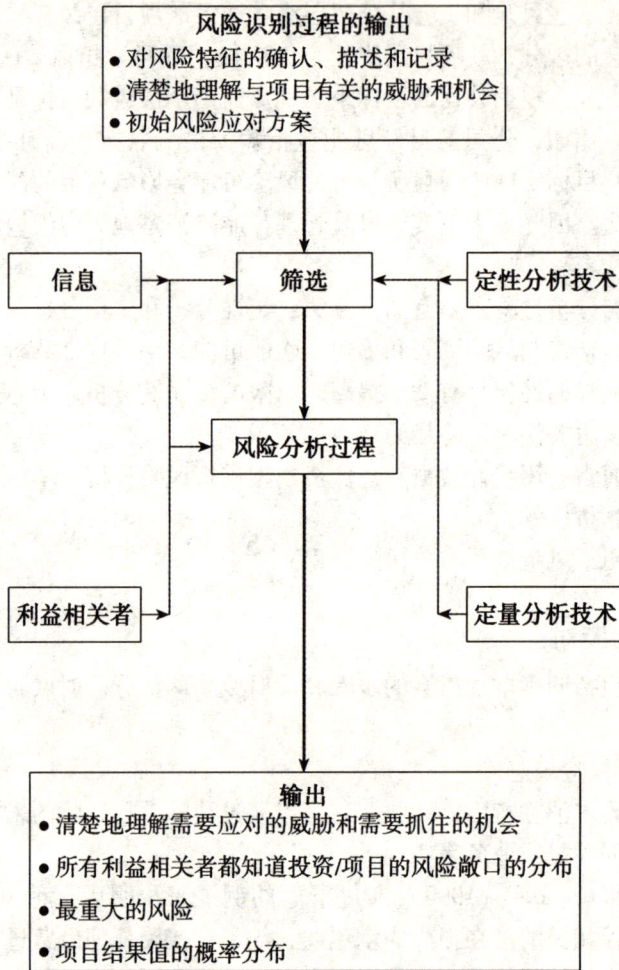

图 3.2 风险的量化和分析过程

望得到补偿。在此我们不详细讨论合同风险分配问题，如果不考虑风险转移的媒介或载体，考察风险转移的基本思路其实都是一样的。

建造合同中的时间表可以说明这一点。承包商最能掌控竣工日期，也可以说，承包商能够最好地管理时间进度这项风险。如果设施不能如期完工，客户就会蒙受损失，客户为了降低损失，就会在合同中加入违约赔偿金条款，这样一来，如果建造逾期，承包商就得赔偿客户的损失。如果承包商在投标中考虑到了这一风险，就会要求合同价格高于没有赔偿条款时的价格，换言之，风险受让人承担风险就要索取额外的费用。然而，如果客户的损失很可能远远超过承包商的赔偿能力时，客户通过这种方式进行风险转移就没有多大意义了。

保险是进行风险转移的一种常见手法。保险只能转移风险的潜在财务后果，而不能转移管理风险的责任。

　　金融市场提供了很多种"对冲"（或套期保值）工具进行风险转移。通过举例可以更好地阐明这一点：投资品的价格波动可以通过购买期货期权进行对冲，如果期货价格上升，期权（低于当前市场价值）就可缓和价格波动的影响。结果，价格下降带来的收益则由于购买期货期权的成本而减少了。可用于应对这种价格风险的金融工具有：期权、期货、期货期权、互换、上限合约、下限合约、双限合约等等。

　　其实，风险转移就是将风险由项目中的一个参与者转移到另一个参与者的过程。风险转移并不能消除或降低风险，只不过是将风险转给他人承担。

　　Flanagan 和 Norman（1993）认为：

　　风险转移不能降低风险来源的危急程度，它仅仅是将风险转移给另一方。在某些情况下，风险转移能够显著地增加风险，因为承担被转移风险的一方可能没有意识到他们正在接受风险。

　　因此，在决定转移风险时，必须考虑这样几个因素：如果风险发生，谁能够最好地应对风险？与在内部管理风险相比，风险转移的成本／收益是什么？

3.4.3.4　保留风险

　　风险可能会被有意或无意地保留下来。后者可能是由于风险管理过程中失败的风险识别或／和风险分析造成的。如果某项风险未被识别或其潜在后果被低估，组织就不可能自觉地规避或降低风险，或是充分地转移风险。

　　在有计划的保留风险的情况下，我们需要对风险的潜在影响做出全面或部分假定。如前文所述，风险和收益之间存在这样的一种关系：没有风险敞口，公司就不能得到回报。从理论上讲，与提升组织核心价值的行动相关的风险（组织最擅长管理这类风险），由组织来应对比由外部实体来应对更符合成本效益的那些风险（风险转移和规避需要支出额外的费用或溢价），是应该保留的风险。最后，只有在达到某个点之前降低风险才是划算的，过了这个点之后，成本就会大于收益。

3.4.4　风险应对方案的选择

　　风险管理过程的应对阶段要提出能应对更重大风险的备选方案。不管是风险准备金还是风险控制措施（或两者兼而有之），我们都要考虑并实施。

3.4.5　风险应对过程的输出

　　对于每一项重大风险，我们都要考虑：项目的哪一方应"拥有"这项风险，哪个风险应对方案最合适。最恰当的风险应对方案应该与公司的风险管理政策相一致。因此，我们随后要对风险应对战略进行选择。

　　图 3.3 为风险应对过程的示意图。

风险分析过程的输出
- 清楚地理解需要应对的威胁和需要抓住的机会
- 知道投资的风险敞口的分布
- 最重大的风险
- 项目结果值的变动
- 项目结果值的概率分布

信息

风险应对技术

风险应对方案 → 风险应对过程

风险应对方法

利益相关者

输出
- 处理重大风险的备选战略
- 在每种情形下选择的执行战略
- 在项目参与方之间分配风险

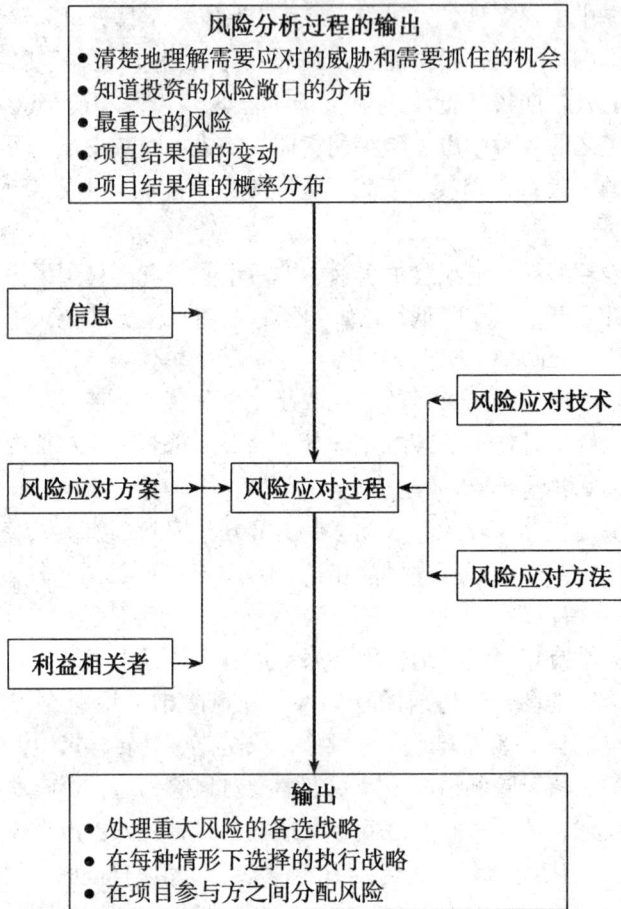

图 3.3　风险应对过程

3.4.6　项目生命周期的风险管理

　　风险管理不是个别的单独的行为，而是一个动态的过程。通过在项目生命周期内的不断重复，风险管理得以不断完善。PMBOK（1996）认为，风险管理的每个主要步骤在项目的每个阶段至少会出现一次（项目分成几个阶段，这几个阶段共同构成了项目生命周期）。Thompson 和 Perry（1992）、Simon 等人（1997）认为，在项目生命周期内应持续应用风险管理。Thompson 还指出，风险管理在项目的提议阶段最有价值，但在设计和规划阶段仍要灵活考虑如何规避重大风险。

　　Chapman（1998）也强调了在项目生命周期的早期或晚期应用风险管理的问题。他认为，风险管理越早实施，产生的收益就越大。但如果这个阶段缺乏对项目的界定，风险管理的实施就会变得更加困难，更加不定量，更加不正式，更加缺乏战术性而更具战略性。相反，如果对项目的界定越准确，风险管理的实施就越容易，收益就越大。

鉴于以上所述，风险管理过程的初始实施应该不仅能促进评估决策的制定，而且是项目生命周期内风险管理过程的第一个循环。

3.4.7 风险管理的任务和益处

风险管理的任务不是去创造完全没有风险的项目或业务（不论项目的规模和复杂性如何，只要从事项目就会面对风险），而是使利益相关者意识到风险——不管风险是正面的还是负面的——帮助他们更准确地估计风险和有效地管理风险。从风险识别到风险管理的实施再到组织的运营，风险管理在项目的每个阶段都是必不可少的，应该应用于项目的每个阶段。

Chapman 和 Ward（1997）认为风险管理有如下好处：

- 与项目或业务相关的风险在其开始发生前就被预先清楚地界定；
- 对可取得的数据进行全面分析，为管理决策提供支持，估计风险时，会更有信心；
- 通过回答"如果发生会怎么样"的设想情境问题，来不断改进项目或业务规划；
- 对项目或业务的界定和结构进行持续、客观地监控；
- 提供备选方案，适当地预测或有事件并在风险应对过程中对其进行管理；
- 产生富有想象力的风险应对措施；
- 对历史风险构建统计图，以便对未来项目更好地建模；

风险管理的好处也可以表述如下：

- 从项目开始时，就对项目或业务的问题进行澄清、理解和考虑；
- 通过对可获得数据的透彻分析来支持决策；
- 对项目或业务的结构和界定进行持续、客观地监控；
- 对或有事件进行规划，从而预先评估和及时、可控地应对可能发生的风险；
- 更加明确地界定与项目或业务相关的具体风险；
- 构建历史风险统计图，从而更好地对未来项目或投资进行建模。

风险管理要求接受不确定性的存在，要求风险管理是一个充满创造力和想象力的思考过程，还要求在可能风险的评估中采取现实的管理态度。风险分析是风险管理的组成部分，它有助于项目或商业经理预见未来事件并对其控制（通过风险应对），而不至于在已识别的风险发生时惊慌失措。

必须强调，有关成本、收入、持续期间和质量的实际原始数据（现实假设）对风险分析而言是必备的前提条件。如果风险分析建立在不切实际的基本数据（通常这些数据在可行性研究中显得过于乐观）之上，那么风险分析的结果不仅是不现实的经济参数，而且还会由于对不切实际的数据进行科学审批而对投资者和项目或商业经理造成误导。

3.4.8 风险管理的受益者

1991 年，项目管理协会（APM）设立了一个风险管理的专门利益组织，通过调查大量的实践者来识别实施风险管理的受益者。调查结果被刊登在 1992 年 3 月的 PRAM（项目风险分析与管理）迷你指南上。风险管理的受益者主要有：

- 组织（公司和战略业务单元）及其高级主管，对他们而言，在考虑批准资本性支出和资本预算时，了解被提议项目的风险是很重要的。
- 客户（或委托人），包括内部的和外部的，因为他们最可能知道想要什么，何时想要以及他们能够接受的成本。
- 想要改善工作质量的项目经理，这些工作包括使项目控制在成本内，按时完工和达到规定的性能。

风险管理的受益者不仅包括项目层，还包括公司层和战略业务层，以及利益相关者。

实施风险管理的潜在好处可分为两类：

1. "硬利益"——或有事件、决策、控制、统计等。
2. "软利益"——人的问题。

这些好处见表 3.1。

表 3.1　风险管理的硬利益和软利益（引自 Newland，1992；Simister，1994）

硬利益
能够制定更详细、更可信的计划方案、进度表和预算
提高项目遵循计划方案执行的可能性
使用最恰当类型的合同
对偶发意外事件进行更有意义的评估
阻止接受财务实力不坚实的项目
有利于积累统计信息，从而对未来项目进行更好的管理
对备选方案进行更客观的比较
识别并将责任分配给最佳的风险承担者
软利益
改善公司经验和一般性沟通
形成普遍理解与共识，改善团队精神
有助于区分好运气/好的管理与坏运气/坏的管理
帮助员工发展评估风险的能力
使项目管理关注最真实、最重要的问题
承担更大风险从而增加收益
对客户负责
对项目中的人事问题提供新的见解

对风险管理骄傲自满的组织必然会招致失败。Turnbull 报告（1999）及时提醒了我们，同时也提供给我们一个机会去考察组织的现状以做些适当的改变。风险管理可视为特定环境下的可持续活动。在过去，由于风险评估被错误地考虑甚至被忽视，致使一些公司出现了重大失败。Reichmann（1999）曾说过：

我曾学到的最重要的教训之一，也是我没有更早认识到的教训，就是风险管理可能是商业领导力最重要的组成部分。

然而，组织确实需要实事求是。承担风险是为了获得回报，这一点在 Turnbull 报告（1999）中已清楚地阐述过。Turnbull 报告指出"风险管理是减轻风险，而不是消除风险"。战略业务单元的董事会通过赞同 Tumbull 报告和遵循公司法，对其风险全面负责。

为了有效地管理风险，组织需要有恰当的风险防御和应对战略。防御战略是为了帮助组织认清其可能面临的重大风险，管理风险，从而把风险降到可以接受的水平。组织需要提出风险应对战略，以应对任何预计会发生的风险——尽管组织已尽力规避该风险——尽可能降低风险的不利影响。

3.5　将风险管理嵌于组织中

组织不可能轻易地在一夜之间引入风险管理。Turnbull 报告（1999）列出了将风险管理融入组织文化需要着手进行的一系列行动：

- 风险识别。常规性地识别公司所面临的风险，可以通过召开研讨会、访谈或问卷调查等方式完成。方法不重要，实质性地进行风险识别才是关键。
- 风险评估／测量。风险被识别之后，对风险大小的理解是很重要的。对风险的衡量通常是半量化的。再次强调，方法本身不重要，但组织应该测量风险发生的可能性及风险对组织形象、声誉及财务的影响程度。
- 了解当前如何管理风险。了解当前组织对风险的管理情况以及确定这样做是否符合组织的风险管理战略是很重要的。
- 报告风险。设立报告风险的条例，关键是要确保人们遵循这样的条例，这对于风险管理过程而言很重要。
- 监控风险。监控风险以确保对重大风险进行最有效地管理，防止相对不重要的风险演变成重大风险。
- 保持风险信息及时更新。不断对风险信息进行更新，从而保证所有决策都依据完全信息做出。

3.6　风险管理计划

风险管理计划（RMP）是所有风险管理行动的基础，进一步讲，是公司层、战略业务层和项目层风险管理行动的基础。最近的一项问卷调查（Merna，2002）发现，风险管理计划可能包含以下内容：

- 风险管理责任的分配；
- 公司风险管理政策；
- 风险识别文档——风险记录、初始风险应对方案；
- 风险分析输出——项目内的风险敞口分布、最重大风险、项目结果随风险发生的变动状况、项目结果的概率分布；
- 选定的风险应对方案——项目各参与方之间的风险分配、条款、关于所面临风险的合同安排、或有事件计划、保险和其他风险转移措施；
- 监督与控制——将实际发生的风险与预计风险进行比较，对项目风险管理计划加以控制；
- 维持风险管理系统——采取措施以不断地更新、维持和完善风险管理计划；
- 评估——为项目进一步的风险管理循环和未来项目记录风险信息。

Fraser（2003）着重强调了下面的一些做法，认为这些做法对于开发成功的风险管理系统至关重要：

- 需要得到管理层的帮助和领导；
- 风险管理系统要求文化上和行为上的转变；
- 经营管理和业务的所有者负责开发并拥有风险管理系统；
- 必须要有正式的架构——方法要透明，风险被识别并排序后，董事会应共享相关信息。

3.7   执行责任和风险

风险管理本身充满了风险。采用不恰当的方法来应对风险有可能严重损害公司的业务。风险管理不是公司业务的附加，而是其不可或缺的一部分，认识到这一点很重要。通常，风险管理同质量管理、规划、健康与安全管理以及变动管理一样，都是全面管理体系的组成部分。在竞争性经济中，利润是成功承担风险的结果。不多承担风险，就不会取得更多的回报。在此背景下，Turnbull 报告（1999）中关于公司内部控制和风险管理的部分指出，公司努力要做的不是增加公司的负担，而是要反映公司良好的经营业绩和实践。当年这一观点得到了伦敦股票交易所的赞同。我们认为，组织通过接受每个层级的"最佳实践"，就可以减少许多源于差的实践（做法）的风险。公司应该采取措施进行一切必要的改变，这种措施反映了公司业务的需求并将市场纳入考虑范围。公司做出改变时，会发现公司的风险管理也得以改善，因此，付出的代价是值得的。

Turnbull 报告不仅涉及风险规避，还阐释了有效的风险管理。有效的风险管理是指：确定恰当的风险水平，意识到正在承担的风险，然后决定如何管理这些风险。风险在本质上既有正面意义又有负面意义。有效的风险管理是指在确保避免不恰当风险的同时也不要错过机会。一些公司与其他公司相比更厌恶风险。然而，所有公司都应致力于在鼓舞人心的创业理念和有效的风险管理之间取得平衡。

公司为了能够识别其正在承担的风险以及那些还没有准备好承担的风险，首先要确立它的长期目标。有的公司可以更好地用简单又可行的方式来识别公司是干什么的。认识到公司的目标后，公司不应去识别所有可能的风险。公司层和战略业务层的董事会应该关注那些被认为重要的公司业务风险。我们认为，大约有15 至 25 项风险应该值得关注和管理。这些风险取决于行业、公司的特定环境以及在给定时期内的项目。

在估计组织所面临的风险时，取得相关董事会的全力支持，并使其认识到风险管理的重要性和益处是很重要的。董事会应该从管理部门取得定期报告，以便全面熟悉已识别的风险以及那些需要更多信息来证明的风险。如果董事会不能全面地关注风险，那么一些很难定义的较大风险，比如公司声誉，就有可能被忽略。这些风险可能在组织的每一个决策中被部分地考虑过，但仍会有遗漏，有的甚至根本未被关注过。最近的一项证据（Merna，2002）表明，在过去，一些公司用非常狭隘的方式看待风险管理。那时，风险管理仅意味着"保险"。现在，公司应该停止这种想法，问问自己：

- 我们有整合的方法来进行风险管理吗？
- 如何管理风险——通过保险、内部审计还是放任自流？

就过程来说，产出只会和投入一样好。除非组织能够有效地识别风险和对风险进行排序，否则就会产生在不稳固的基础上实施控制的危险。拥有有效的风险管理系统意味着组织的不同部门各层次的员工，都能参与主要风险的确定。如果不这样做，那么组织的风险管理系统就仅仅是自下至上的一个过程，其中许多人独立工作，集合意见的信息含量很少。另一方面则正相反。如果风险的识别和排序在高层由一个人或一群人完成，则可能会遗漏一些非常重要的战略业务风险、项目风险和经营风险。所以，最终需要将"自下至上"和"自上至下"两种方法结合起来，而不是只选择其中一种。

3.8 本章小结

风险管理需要识别风险，预测风险发生的可能性及严重程度，决定应对风险的策略并实施这些决策。

风险管理在公司中已广泛采用，风险管理过程的实际应用程度却有点差别。许多组织采用最简化的方法，只做一些必要的事情以满足法规要求，或只完成风险管理的过程而不运用风险管理的结果去影响当前或未来的战略。

本章讨论了项目层、公司层和战略业务层的风险管理。为确保对各个层级的风险进行有效地评估，风险管理的过程至关重要，这会使所有的利益相关者都意识到与投资相关的风险。

第 **4** 章　风险管理工具和技术

4.1　引言

风险管理过程由于其带来的好处，当前已成为各种项目的研究者和实践者感兴趣的一个主要领域。风险管理是项目管理的一个关键过程。现已发展出多种技术来支持不同层级的风险管理过程。

风险管理被组织和公共实体用来作为提高安全可靠性和减少损失的工具。它包括风险的识别、评估和控制。风险管理过程隐含着对合理决策的需求，这种决策是基于潜在社会技术系统的性质及其预测的可靠性做出的。对安全措施及其指导的需求，理论上讲，是概率风险评估和人类可靠性分析自然结合的产物。理想情况下，好的评估应该总是能有效地减少错误。

本章描述了风险评估中使用的工具和技术，既有定性的也有定量的描述，还阐述了风险评估中通常被视作主要因素的国家风险。这些工具和技术可以在公司层、战略业务层和项目层使用。

4.2　定义

French 和 Saward（1983）把用来执行作业的任何手工或机械的设备或器具都描述为工具。

工具和技术通常难以区分。本书将工具定义为：

运用各种技术以达到其目标的方法。

例如，风险管理（工具）运用了大量技术，如敏感性分析、概率分析和决策树。价值管理（工具）则运用了诸如功能分析、期权工程和标准权重之类的技术。

4.3　风险分析技术

风险分析技术主要有两类：定性分析和定量分析。定性分析法试图以风险的发生对项目结果影响的大小来比较风险的相对重要性。Simon 等人（1997）提出，定性分析得出的信息几乎总是比定量分析得出的信息更有价值，而且有时是不需要定量分析的。Thompson 和 Perry（1992）建议在风险评估的初始阶段应用定性分析法。

定量分析技术试图确定项目结果的绝对值范围和其概率分布，所以分析会更复杂，经常需要借助计算机来完成。根据 Simon 等人（1997）的观点，应该依据备选项目建立模型，然后修改模型，量化在初始评估阶段用定性分析技术确定的特定风险的影响。模型应该包括所有和风险分析相关的因素，比照这些因素，可以输入不确定性变量（而不是常量）来反映重大不确定性的范围。

技术的选择

Norris（1992）和 Simon 等人（1997）认为，在可用的诸多分析技术中确定最适于某一特定投资的分析技术时，管理者应考虑：

- 进行分析可用的资源——人力资源、计算资源以及时间资源；
- 具备不同技术的分析者的经验；
- 项目的规模和复杂性；
- 分析时所处的项目阶段；
- 可获得的信息；
- 分析的目的。

以下是对使用的一些分析技术的简要概述。

4.4 风险管理的定性分析技术

4.4.1 头脑风暴法

头脑风暴法起源于 20 世纪 50 年代的麦迪逊大道，长期以来为广告界的那些怪才所推崇。然而最近几年，它却发展成为主流，应用于各种业务中，公务员、工程师、项目管理者和科学家对它的应用自不待言，事实上任何要解决问题的人都可以应用这种方法。

头脑风暴会议的最佳人数为 12 人，尽管可以持续整天，但最理想的时长为 15 至 45 分钟（*Sunday Times*，2001）。基本规则概括如下：

- 施加时间限制；
- 清晰地阐述手头问题；
- 一种捕捉想法的方法，如草图；
- 让想法在可控的范围内自由发展；
- 采纳这一原则：没有想法就是坏想法；
- 不要立刻下判断；
- 鼓励参与者放松对自己思想的禁锢，让他们围绕问题发散思维，自由联想；

- 提倡定性方法而不是定量方法（评估可以晚些进行）；
- 交流、碰撞小组成员的想法。

Chapman（1998）指出，借鉴于业务管理的头脑风暴法并非专门为风险管理所创造，它包括重新界定问题，形成想法，寻找可能的解决方法，开发经挑选的可行性方案并进行评估。然而，Bowman 和 Ash（1987）认为，团体比个人倾向于做出更具风险性的决策，这是因为诸如职责分散这样的因素导致群体里有影响力的成员持有更极端的观点，而持有温和意见的成员则保持沉默。

4.4.2　假设分析法

假设分析是一种直觉的技术，方案规划中的典型假设就是在假设分析中识别出来的。这些假设需要被评估，如果证明其是错误的，还需要评估其对项目的结果会产生什么样的影响。那些导致项目结果敏感和有可能被证明是错误的假设，将可能导致的一系列风险（Simon 等人，1997）。然而，不是所有的假设都能够被识别，因为许多假设是隐含的。

4.4.3　德尔菲预测法

这是一种用来预测未来事件或结果的技术。由一组专家先各自独立地做出预测，然后排除极端观点达成一致意见。在有些情况下，为了得到结论，会对未来可能的结果分配主观概率。

德尔菲（Delphi）预测法这种直觉技术，是由美国兰德（RAND）公司为进行技术预测而开发的。Merna（2002）指出，这一技术通过以下步骤来取得小组的一致意见：

- 要求应答者给出其对项目或投资风险的看法；
- 主持人收集上述信息，并把这些意见信息汇总后发给咨询专家，要求他们根据专家组的集体看法重新审视或修改自己的观点；
- 重复上述步骤，直到达成一致意见或者主持人认为没有必要再重复为止。

专家们彼此分离而仅与主持人互动以避免冲突。德尔菲法通常通过邮件或电子互动媒介进行。

Chapman（1998）提出德尔菲技术的优点包括：参与者可以免受团体的压力，不必附和他人的看法，还可以避免个性特征和相容性问题。

4.4.4　访谈法

在组织所能提供的信息不能满足需要，或是开展小组工作不太现实的情况下，可以采用这种直觉技术。访谈是一种向个人吸取信息的方式。公司层的人员经常会要求和项目层的员工面谈，来获得项目层的潜在风险信息。这些信息可能会影响项目的商业可行性，从而也影响战略业务单元所实施项目的财务稳定性。

4.4.5　风险和可操作性研究法（HAZOP）

HAZOP 法是一种逻辑归纳技术，是由（英国）帝国化学制品股份有限公司在化学品加工厂中为识别风险而开发的。它是一种结构化的头脑风暴法，由一个小组系统地检查过程中的要素并界定每一要素的意向（Ansell 和 Wharton，1995）。Frosdick（1997）提出用诸如"不"、"较多"、"较少"这样的引导词来确认可能产生的结果与意图之间的偏差，然后再调查偏差，以尽可能消除其产生的原因，减小其影响后果。

HAZOP 法可灵活地用来识别各种设施在其设计和开发的各个阶段的潜在风险。此外，通过 HAZOP 法，可以对现有设施的应变计划提供更综合的考察，可以识别出事先没有被列入计划的风险。

4.4.6　故障模式影响与危害度分析法（FMECA）

FMECA 法是一种归纳技术，为透彻了解被调查系统的单个分析者所采用。这种技术或重点关注涉及的硬件，比如潜在的设备故障，或专注于事件，强调结果以及故障对系统的影响。考察系统的每一个组成部分，识别每一种故障模式，这样就可确定故障对整个系统的影响（Frosdick，1997；Ansell 和 Wharton，1995）。这种技术用加权计分法来识别项目中最可能发生故障的地方。FMECA 法一般应用于战略业务层和项目层，它强调要关注的领域，把资源有效地导向存在问题的地方。在审计公司硬件（计算机）和设备时经常要采用这种技术。

4.4.7　核对清单法

核对清单法是一种根据以前遇到的风险进行推导的演绎技术，为管理提供了一种快速识别可能风险的便利方法。核对清单法或采用一系列问题的方式，或采用将考察的主题列表的方式。组织既可自行设计核对清单，也可采用其所在行业或部门适用的标准清单。

4.4.8　提示清单法

提示清单法也是一种演绎技术，它把风险按种类或领域分组，如按金融、技术、环境来分组，也可按与风险相关的任务分组，如按设计、建造和启用来分组。提示清单可包括一般的、行业的或具体的项目。

4.4.9　风险记录法

风险记录是一种文件资料或数据库，其中记录着项目、特定投资或资产所含的每一种风险。风险记录法作为一种识别风险的辅助工具，它使用先前类似项目的风险记录，与核对清单很相似。

　　风险记录使得在风险管理识别阶段收集的数据得以保存。作为为复核以及风险软件提供信息的数据容器，风险记录包含许多必备的数据项：

- 项目的标题。它应该简明扼要地描述项目。
- 项目的标识。这使得在开发大量项目的情况下能识别出特定的项目。
- 作业的标识。
- 作业的首字母缩拼词。
- 小组领导者和每个小组的名称。深入调查和查询初始风险评估要用到这些信息。
- 作业。这一栏是对按次序排列的一系列作业的描述。风险记录可用于网络或电子数据表模型。
- 程序。这对基于网络的风险软件包很重要。它能自始至终识别作业之间的联系。
- 最可能值。它是由专家对作业的估测得出的，处于风险软件包的乐观值和悲观值之间。这也就是通常所说的三点估计。

　　表 4.1 描述了风险记录摘要的一种模板，可用于公司层、战略业务层或项目层。

表 4.1　　　　　　　　　　典型的风险记录输出汇总

优先次序	描述	概率	影响	所有者	关键日期	当前行动	审核日期
1							
2							
3							
x^n							

　　风险测量图是从风险记录发展而来的，其目的不是为了解决风险问题，而是给责任方分配任务。例如：

- 情境——行政管理的改变；
- 行动——促进政治中立；预测由于新行政人员而导致的范围或合同变动。

通过这些任务，责任方可以有序地进行更加细致的风险分析。

4.4.10　风险地图法

　　它用二维图来描述风险，X 轴表示风险发生的潜在严重程度，Y 轴表示风险发生的概率（如图 4.1 所示）。依次考察风险并绘制于图上。图上的等风险曲线表示具有不同的概率／严重程度的等价风险，可引导分析者确定风险的相对重要性（Al-Bahar 和 Crandell，1990）。

4.4.11　概率—影响表法

　　概率影响（P–I）表用来评估风险的相对重要性，同风险地图一样，从诸

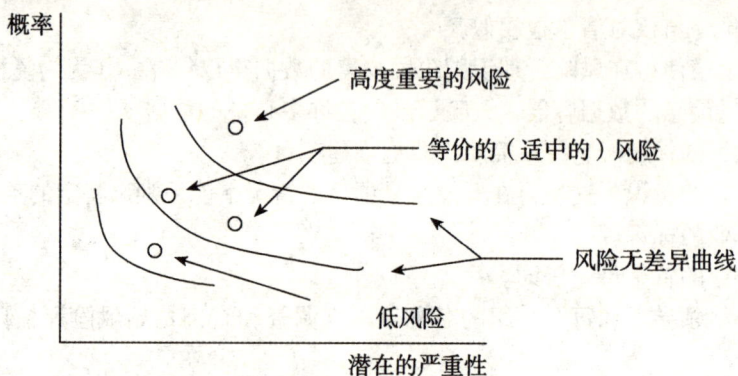

图 4.1　风险地图概念

如低／中／高的范围中选择和确定风险发生的概率及其潜在影响。应该预先为项目和投资确定每一个刻度点的数字含义。

将概率值和影响值相乘就可得到每一种风险的 P－I（概率—影响）值，这样就可以直接对比风险——P－I 值越高，风险就越严重（Simon 等人，1997）。表 4.2 是一个 P－I 表的例子，概率影响网格将在本章的稍后部分讨论。

表 4.2　　　　　　　　概率—影响表（引自 Allen，1995）

刻度范围	概率	概率分值	概率的影响		
			成本增量	时间增量	影响分值
非常低	<10%	0.1	<5%	<1 个月	0.05
低	10%－30%	0.3	5%－10%	1－2 个月	0.1
中等	30%－50%	0.5	10%－15%	3－4 个月	0.2
高	50%－70%	0.7	15%－30%	5－6 个月	0.4
非常高	>70%	0.9	>30%	>6 个月	0.8

		概率			
		非常低 0.1	低 0.3	中等 0.5	高 0.7	非常高 0.9
影	非常低 0.05	0.005	0.015	0.025	0.035	0.045
	低 0.1	0.01	0.03	0.05	0.07	0.09
响	中等 0.2	0.02	0.06	0.10	0.14	0.18
	高 0.2	0.04	0.12	0.20	0.28	0.36
	非常高 0.8	0.08	0.24	0.40	0.56	0.72

4.4.12　风险矩阵图法

风险矩阵图法通常用来将影响大的风险和影响小的风险分离开来。图 4.2 阐释了风险矩阵图是如何在一定程度上描述风险发生的概率和影响的。

4.4.13　项目风险管理路线图法

表 4.3 描述了选择风险管理系统要考虑的整体过程和应用。

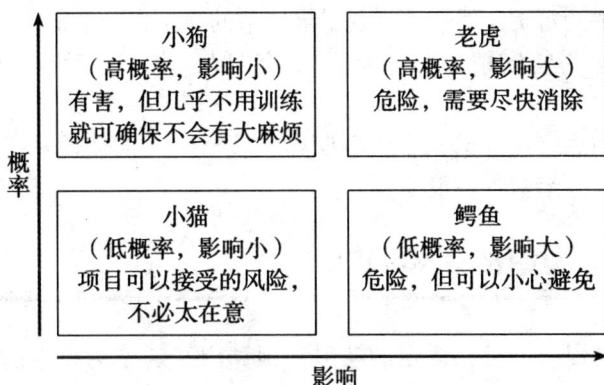

图 4.2　风险矩阵图

表 4.3　　　　　　　　　　风险管理路线表

1. 组织和范围	2. 风险识别	3. 风险分析
（1）没有必要专注于风险管理	（1）经验和直觉意识	（1）项目风险清单
（2）风险管理者的个人任务	（2）访谈	（2）风险描述
（3）风险专题研讨	（3）通用核对清单——大类	（3）项目风险清单和附加信息——原因、时间安排和责任
（4）需要协作（辅助）者的参与	（4）通用核对清单——包括更多风险动因的层级式清单	（4）定量与绘图分析——风险对项目结果的影响
（5）项目——持续进行风险管理的系统程序	（5）通用核对清单——类别标题＋有问题的/较早的项目	（5）绘图分析——个别风险之间的相互依赖性
（6）公司——持续进行风险管理的系统程序	（6）使用核对清单＋决策会议技术	（6）定量与绘图分析——情境分析
（7）公司——管理程序的整合		（7）定量与绘图分析——模拟模型
4. 风险战略决策	5. 风险应对规划与决策	6. 持续控制和反馈
（1）修改项目目标	（1）风险应对清单	（1）责任控制
（2）规避风险	（2）应对清单与附加信息——风险应对的成本与时机选择	（2）先进的报告体系
（3）预防风险	（3）定量与绘图分析——应对计划的影响	（3）定期更新的经验式核对清单（层级）
（4）缓解风险	（4）定量与绘图分析——权衡分析	（4）项目风险知识库——遇到的问题、已结束事件
（5）制订偶然事件应对计划		
（6）保留选择权		
（7）监控模拟		
（8）无条件接受风险		

首先，表中的每类路线图都展现了最简单的技术，接下来，工作层级和复杂程度逐渐增强。为特定情形确定合适的层级时，应关注后续层级所提供的增加值。

公司层级和战略业务单元层级早期界定项目时大多使用这样的定性分析方法，此时可用的详细信息还很少。

4.5 风险管理中的定量技术

若要知道投资或项目在规定的期限和预算内（通常为批准的预算或提交给董事会的项目状况报告）达到目标的可能性，就要用到定量分析技术。

应该清楚，定量分析的结果有赖于输入信息的质量，要有充足的时间收集和确认信息。

4.5.1 决策树法

管理者通常会面对多重选择，这些选择继而会产生多种决策方案。很多情况下，管理资源仅够选择其中一种方案，这就会出现机会成本问题。决定选择哪一种方案是很难的，而决策树法就是评定备选方案的一种有用技术。面临风险和不确定性的投资者借助这种技术，可以探索各种投资选择，决策树可对有序的决策和概率事件进行图形化描述（Merrett 和 Sykes，1983）。

《项目管理知识体系指南》（PMBOK）把决策树描述成示意图，它按决策者的理解描述决策和相关机会事件之间的关键互动。决策树显示了一系列相互关联的决策及其在每一种可能情形下的期望结果。知道了概率和可能的后果值，决策者就可在决策制定过程中使用定量技术。

决策树的目的是为每一个方案确定一个期望值，这个期望值就是概率加权平均值。决策树发端于顶部的决策点，随后按照决策制定过程自上至下依次有序地绘出机会事件和决策。决策用方点表示，这些点通过有标识的直线或"分支"连接起来，如果这些分支源于决策点，它们就表示决策行为；如果分支源于机会事件节点，则表示可选择的结果（Hertz 和 Thomas，1983a，b；Gregory，1997）。

图 4.3 为一种典型的决策树。这个例子预测了开或不开一家新工厂的可能结果。考虑了竞争者的反应和经济状态，使用投入资本回报率（ROCE）指标来表示决策是否进行下去。

根据 Thompson 和 Perry（1992）的观点，借助这种技术，可以清晰地阐释一系列选择和决策及其联系。一些行业已经使用这种技术来对建造方法、合同问题以及投资做出决策。理论上讲，这种技术可用于任何存在选择或机会成本且需要做出决策的情形。

开设
新工厂

不开设
新工厂

竞争者开
设新工厂

竞争者不开
设新工厂

竞争者开
设新工厂

竞争者不开
设新工厂

	衰退	繁荣	衰退	繁荣	衰退	繁荣	衰退	繁荣
销售额	100	150	120	300	60	100	100	125
销售利润率	5	10	5	20	0	3	5	6
营业利润	5	15	6	40	0	3	5	705
投入资本	90	90	90	90	50	50	50	50
投入资本回报率（ROCE，%）	6	17	7	44	0	6	10	15
概率	0.1	0.1	0.4	0.4	0.25	0.25	0.25	0.25

ROCE的期望值
$=0.1 \times 6\% + 0.1 \times 17\% +$
$0.4 \times 7\% + 0.4 \times 44\%$
$=22.2\%$

ROCE的期望值
$=0.25 \times 0\% + 0.25 \times 6\% + 0.25 \times$
$10\% + 0.25 \times 15\%$
$=7.8\%$

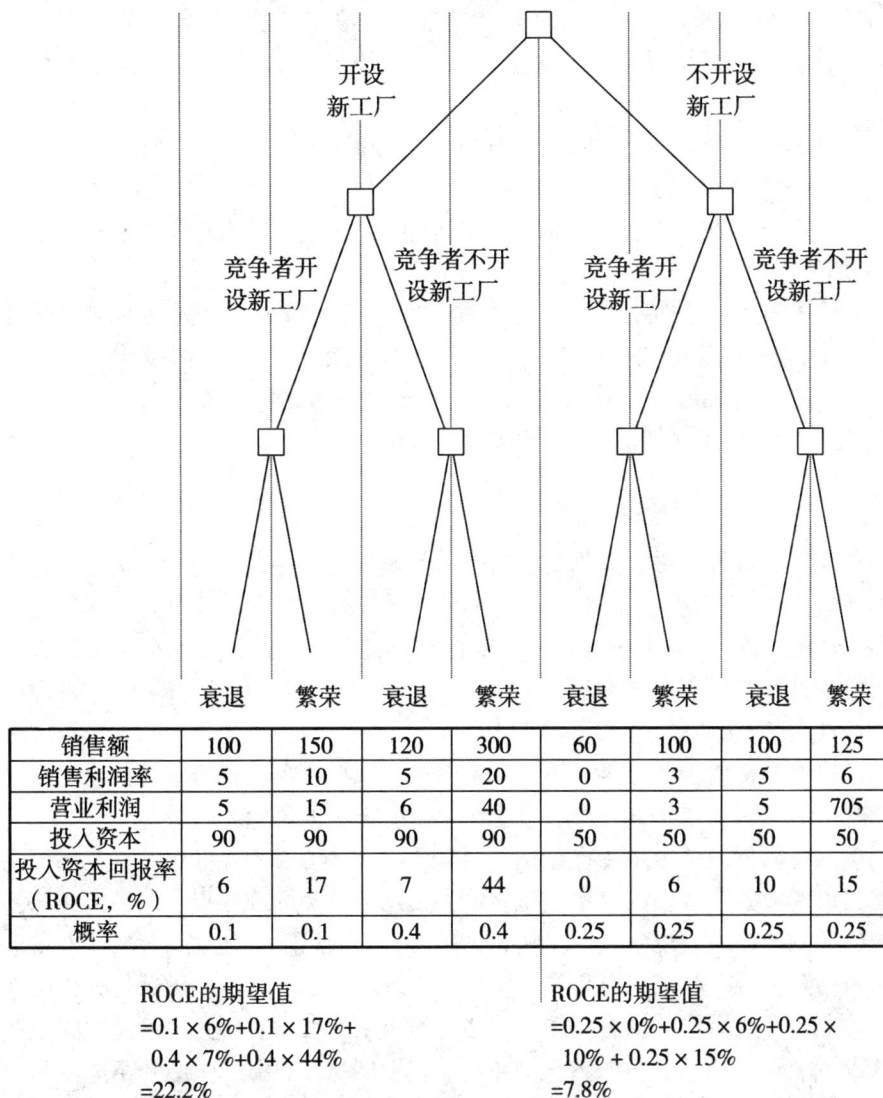

图 4.3　典型的决策树（引自 Marshell，2000）

4.5.2　控制区间和记忆技术

控制区间和记忆（CIM）模型为单项风险提供了一种结合概率分布的数学方法。Simon 等人（1997）指出，这种技术很大程度上已经由模拟技术所替代，故应用不广。

4.5.3　蒙特卡罗（Monte Carlo Simulation）模拟法

这种技术的命名源于它与机会或不确定情形之间的联系，它使用随机数字模拟不确定情形的结果。模拟是设计模型的艺术和科学，它与真实系统的运作方式相同。这种模拟模型可用来测定系统对不同输入的反应。它有四个重要步骤：

1. 为每一个影响内含回报率或净现值的变量赋予一个概率分布。
2. 为每个变量确定变动范围。
3. 为特定范围内的每个变量选择一个值。每个值选择的频率要和它在分布中的概率相一致。
4. 从随机组合的特定分布中选取输入值，进行决策分析。每次给每个变量赋予一个新的值，得到一个新的组合——也就完成了一次新的决策分析。为了得到一个结果，这个过程要重复很多次。概率分布组合的数量通常要求在 200 ~ 1 000 之间。重复次数越多，结果也就越精确。

4.5.4　敏感性分析法

任何项目或投资中，计划阶段所使用的数据肯定是要变化的，因此也是有风险的。敏感性分析是为了得到更切合实际的值。通过给出一系列反映不确定性的可能备选值（范围），并就假设的有效性提供几种方法，敏感性分析可识别出对项目的估计值最敏感的变量，这些估计值通常是以净现值（NPV）和内含回报率（IRR）来表示的（Norris，1992）。

敏感性分析用于测定某一风险变量的改变对整个项目的影响。其目的是要识别出那些对项目的成本或时间表可能产生重要影响的风险。

敏感性分析的一个主要优点在于可显示出备选项目的稳健性及其排序。它可识别出成本参数期望值的给定变动导致决策发生改变的临界点，接下来，每一个变量的变动范围就可以确定了。随着每一项重要的风险都被逐一考察，变量取值对项目结果的最大和最小影响的范围也就可逐渐确定下来了。敏感性分析的缺点在于独立地考虑风险，没有考虑风险之间的联系，也没有研究风险发生的概率。

表示敏感性分析结果的方法有好几种。大多数人用表格或图表来表示。然而，如果几个变量都变化的话，最好用图形来表示更直观，可以快速地阐明最敏感或最关键的变量。Norris（1992）和 Skoulaxenou（1994）指出，蛛网图（横坐标为变量的百分比变动，纵坐标为结果值的百分比变动）最为常用。

敏感性分析在项目评估阶段的方案比较和初步审查上通常还是充分有效的，因为那时只评估了少量的已识别风险。

图4.4 阐释了项目经济参数的敏感性分析；分析了现金锁定（CLU）、投资回收（PB）和净现值（NPV）等参数的变动对内含回报率（IRR）的影响。尽管图4.4 是在经济数据的基础上形成的，敏感性分析图同样也能用在公司层和战略业务单元层。例如，需求和市场变动等具体风险发生时，公司层可用敏感性分析图来显示战略业务单元对风险的敏感性。

敏感性分析图：IRR

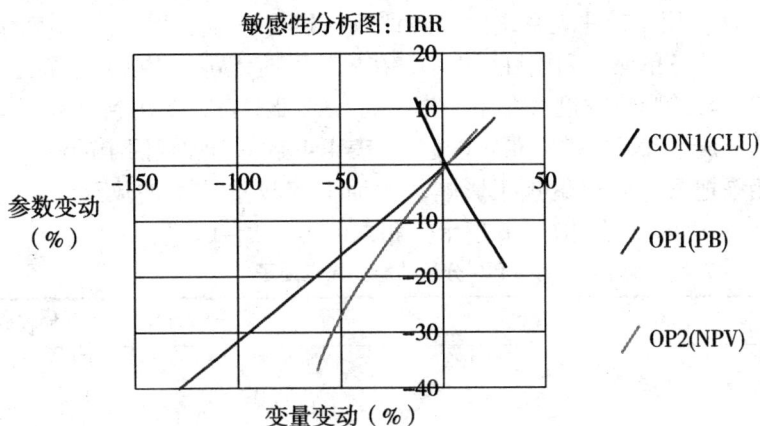

图 4.4　典型的敏感性分析图

类似地，战略业务单元可以用蛛网图来表示风险对投资组合中的项目的影响。敏感性分析通常考察经济参数对内含回报率、净现值和占用时间的变动的影响。

图 4.5 以内含回报率表示项目的不确定性。在这个例子中，项目的内含回报率小于 7.5% 的概率为 40%，大于 7.5% 的概率为 60%。类似地，项目的内含回报率小于 10% 的概率为 80%，大于 10% 的概率为 20%，小于或大于 8% 的概率各为 50%。

频率分布

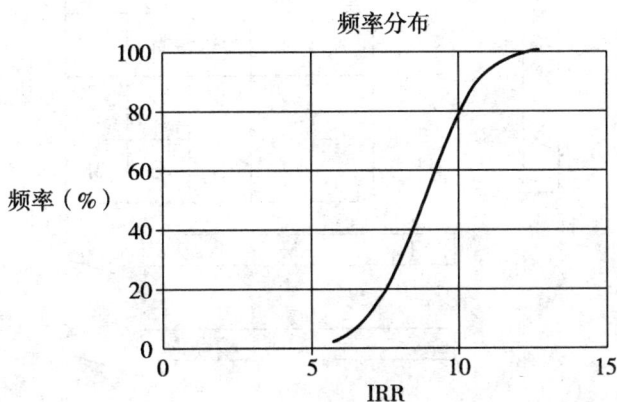

图 4.5　累计概率分布

与敏感性分析一样，累计概率分布曲线可用来阐释战略业务单元和项目投资组合的概率。值得注意的是，曲线越陡，投资的不确定性就越小，因为在这种情况下，内含回报率的概率范围是更加确定的。

4.5.5　概率—影响方格图分析法

设定风险影响参数（成本、程序、业绩）后，就可根据概率—影响方格图

（PIG）方法，用宽带评级系统为风险评级（Kolluru 等，1996）。影响带的范围通常由战略业务单元层和项目层决定，在风险管理计划（RMP）中界定。

确定风险的影响程度（如低、中、高）或带宽时，要用到风险管理识别阶段所收集的成本和程序的"最可能值"。表4.4 是一个加权因子的例子。影响量的加权用来把风险应对聚焦于影响较大而概率权重较小的风险上。将影响值（表4.4）和概率值（如图4.6 所示）相乘可得到 P－I 值。

表4.4 　　　　　　　　　　PIG 分析的影响加权因子

影响分值	PIG 因子（加权）
非常低	0.05
低	0.1
中等	0.2
高	0.4
非常高	0.8

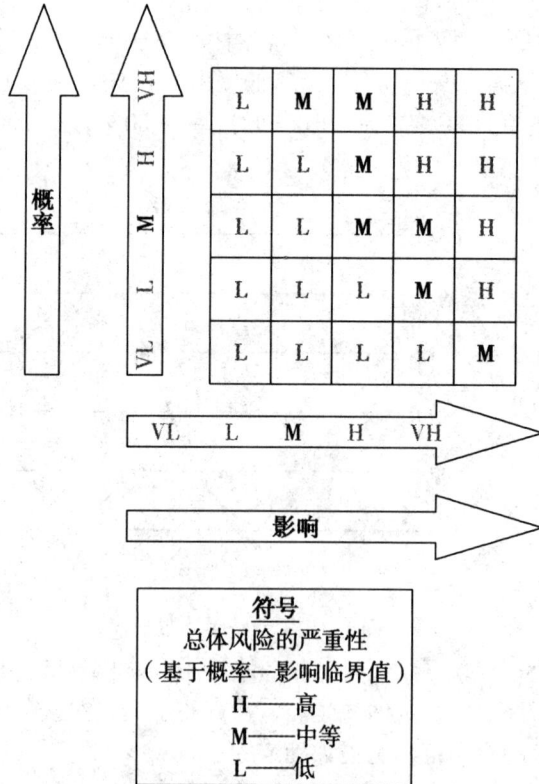

图4.6　概率—影响网格图

P－I 值的临界值设在图4.6 所示的合成矩阵中，本例为5 行5 列矩阵，而常用的是 3 行 3 列矩阵。

　　对于每一特定的风险，成本和程序影响的严重程度都是不同的。这个例子中，综合排序用的是最坏情形的结果。

　　评估的结果是对项目记录中的所有风险进行排序。它们可以按成本、进度和/或业绩来排序，例如回答前十位风险都是什么的问题。它也表明在制定风险应对计划或分配项目资源时，应该优先考虑哪些风险。

4.6　定量和定性风险评估方法

　　图 4.7 为一种典型的项目累积现金流曲线，同时也表明了定性和定量技术的应用。在项目的开始阶段，风险管理一般倾向于使用定性技术。然而，随着项目生命周期的进展以及项目信息和细节知识的增多，风险管理逐渐转向定量方法。

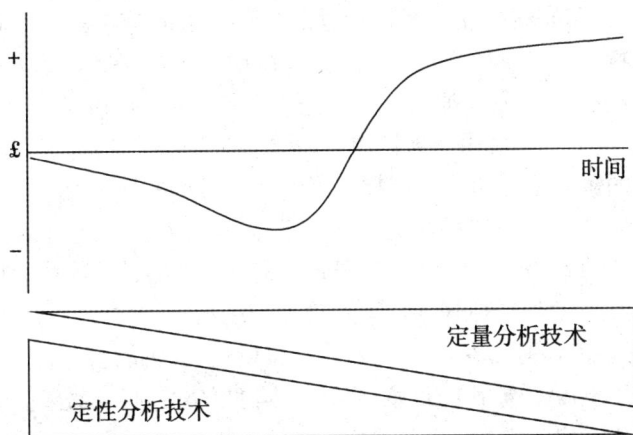

图 4.7　项目生命周期内的项目累积现金流和使用的风险管理技术类型

4.7　价值管理

　　过去的十年里，有一种在项目或投资生命周期的早期阶段使用价值管理技术的趋势。Ganas（1997）指出，价值管理已经涵盖了所有价值技术，不管它们是否需要价值规划、价值工程还是价值分析。然而，对价值管理并没有一个普遍接受的定义，有许多不同的定义来描述同一种应用方法。

　　ICE 设计和实践指南（1996）对价值管理的描述如下：

　　价值管理致力于项目的构思、界定、执行和操作阶段的价值创造。它包括一系列在设施／项目的生命周期内能够提升项目价值的系统的、逻辑的程序和技术。

　　Connaughton 和 Green（1996）将价值管理定义为：

一种结构化方法，在项目目标和如何达到目标之间建立清晰的共识，藉此满足客户可感知的需求。

尽管定义类似，都包含了结构和实现价值的关键要素，但在引用的术语的理解上仍有含混之处。Ganas（1997）意识到了这点，引入了如下的定义来澄清不明确的地方：

价值是功能、项目或解决方案的重要性水平。价值的四个特性是速度、质量、弹性和成本。

a）速度——公司将产品送到客户手中的速度，或设计和生产产品的速度；

b）质量——产品满足客户预期的程度；

c）弹性——公司改进某种产品以更加满足客户需求或期望的容易度；

d）成本——生命周期内的成本因素有：资本、财务、经营、维护、替换、变更、扩张、革新的成本以及残值。

价值管理（VM）是对全部可用的价值管理技术的统称。这个高阶名称与应用价值技术的特定项目阶段相联系。它是系统的、多学科的，致力于分析项目的功能，以达到耗费最小成本创造最大价值的目的（Norton 和 McElligott，1995）。

价值规划（VP）是应用于项目构思和"规划"阶段的价值技术的总称。在起草项目纲要的过程中运用价值规划，可确保项目从一开始就把价值纳入规划范围之内，这可通过功能定位和对利益相关者需求的重要性进行排序来引导和完成。价值规划这一术语也可以进一步细分，它包括战略价值规划，此种技术在项目的可行性研究（考察各种备选方案）阶段和之前应用。

价值工程（VE）是指在项目的设计阶段所使用的价值技术，如果需要，在项目的应用阶段也可以采用。价值工程对不同的方案进行调查、分析、比较和选择，以此产生所需要的功能，满足股东对项目的要求。价值工程为整个项目或项目的特定部分提出一系列如何设计的备选方案。这可通过利益相关者的价值目标和标准——在不牺牲产品的功能、可靠性、质量或美感的前提下消除不必要的成本——得到检验。

价值分析（VA）是指对已完成的项目进行追溯分析或对其绩效进行审计，以及将已完成的项目与先前的预期相比较所应用的价值技术。

风险管理和价值管理都是单一管理结构的一部分。然而，区分它们还是很重要的，因为这样才能在合适的时间使用合适的技术。风险管理主要关注可能会影响投资目标的"实现"的事件，它要求清楚地确定目标——只有事先了解目标，才能评估出投资目标是否会受到严重的影响。因此，风险管理（特别是风险识别和分析）在竞争性技术解决方案的识别和选择上扮演着重要的角色，这也是价值工程的主题。

风险管理也是价值管理的一个重要组成部分，但如果目标不一致，那么在风险的识别和管理上就没多大用处。事实上，对风险的策略性诊断很可能会影响目标的设定。在投资可行性分析的初步设计中，对投资风险的考虑可能会起到重要作用（Connaugton 和 Green，1996）。

价值管理技术

1. 同步研究

项目团队在价值经理的指挥下，在设计的同时，对具体的提案进行有组织的审查。

2. 承包商变更建议书

这些是由承包商提出的有关招标和后续招标设计和/ 或建造变更的提案，主要意图是降低成本或改进建造能力。这些变更通常与对承包商的节约进行奖励的激励计划有关。

3. 标准加权

给不同的项目标准分配算数权重以反映它们的相对重要性。

4. 功能性分析

这一技术被设计用来通过对功能的仔细分析来评估价值。例如，项目的要素及成分存在或被设计的根本原因。

5. 功能分析系统技术（FAST）

功能分析系统技术是功能分析的一种，它以图表的形式表示功能与达到这些功能的方法之间的联系。

6. 工作计划

这是一种有逻辑地有次序地解决问题的方法，它包括对一系列备选方案进行识别和评价，将其分解为一些构成步骤，并将其用作价值管理方法的基础。

7. 矩阵分析

这种技术用作对备选方案的评估，依据关键标准，对每个备选方案计分，然后将这些得分与适合的标准权重相乘，最后根据每个方案总的加权得分来识别出最有价值的方案。

矩阵分析技术是最有价值的风险评估技术。每个备选方案都各有其自身的风险，这些风险在确定方案之前都应该考虑到。例如，与 B 方案相比，A 方案的工程风险看起来非常小，但是，如果 A 方案的营运寿命比 B 方案的短，那么与 A 方案有关的风险会减少收入。如果投资的首要目标是获得净现值，则可推测 A 方案的风险太大而无法满足投资目标。图 4.8 阐释了价值管理的各个阶段。

8. 目标层级

将主要目标逐级分解为次级的子目标，直到所有的项目目标都被考虑到。子目标可根据标准权重来分级和加权。

价值管理						
价值规划		价值工程			价值回顾	
投资前阶段		投资阶段				
未列入预算项目	已编预算项目	实施		操作		资产期末
概念	可行性	可行性	评估	P&T	操作	Dec	结束

（流程图）

定义项目 → 定义项目的方法 → 方法设计 → 详细的方法 → 采购和培训 → 移交项目 评估项目 → 下一个项目

—— ：反馈

符号
P&T：采购和培训
Dec：关停

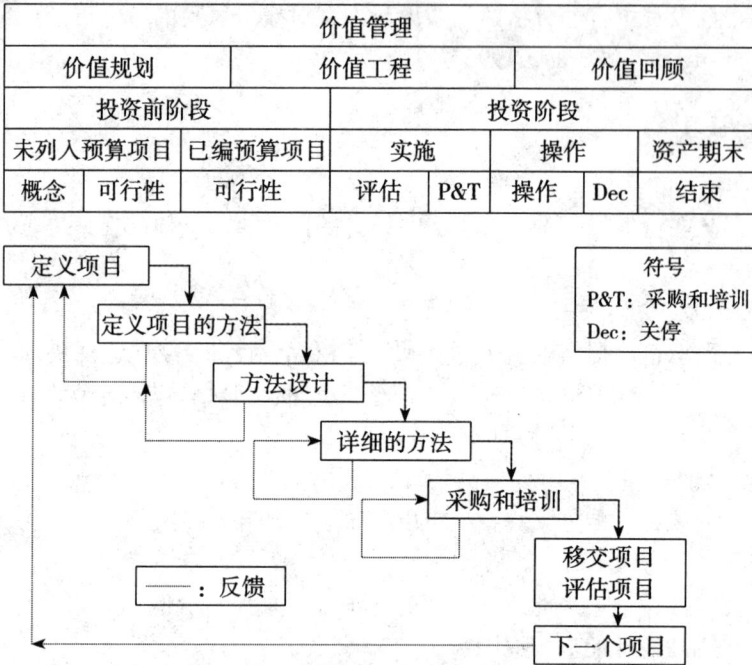

图 4.8　价值管理的阶段（投资前阶段更关注公司层，在投资阶段则更加详细地进行战略业务单元和项目层的价值管理）

4.8　其他风险管理技术

4.8.1　软系统方法论（SSM）

软系统方法论这种定性分析技术，是在 20 世纪 70 年代后期和 80 年代早期发展起来的。其目的是为了克服传统决策理论在解决最具结构性问题时的不足。软系统方法论的一个特有优点是，它可从简单的"使事情变得更好"的愿望开始。

Smith（1999）指出，软系统方法论通常应用于包含七个阶段的周期中，如图 4.9 所示。

前两个阶段意在找出存在问题的情形，例如，考察产生问题的环境和文化，要考虑的具体问题，认为该种情形有问题的原因。第三个阶段是寻求改进的阶段，对问题进行审查，以洞见如何进行改善。这是通过应用基础定义——能够洞察问题的行动或任务的中立定义——来进行的。

第四阶段为构建概念模型，这些模型是对前一阶段基础定义的逻辑扩展。开发出的模型是一些系统，它们能够通过交流和控制的方法来适应改变并在改变中

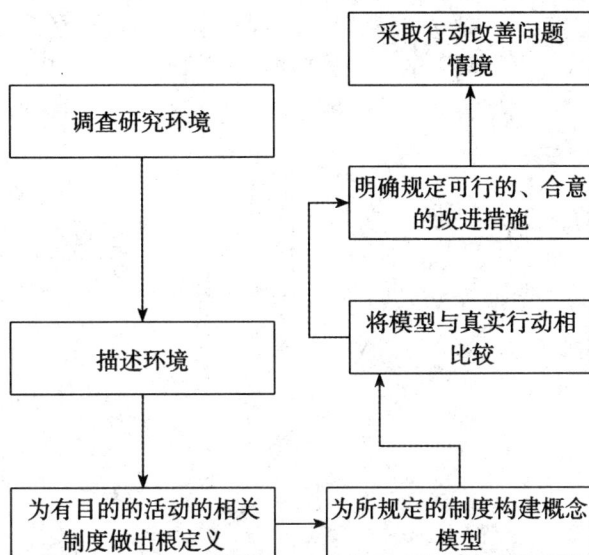

图 4.9　软系统方法论（引自 Smith，1999）

生存。

第五阶段要求将已开发的模型和现实做比较。这引起了关于系统如何实现效益的争论。这个过程把注意力导向所提出的假设上，突出备选方案，为多方面反思现实活动提供了机会。

第六阶段的目的是界定能带来调解好处的变化。这类变化必须满足系统性和文化可行性的标准。系统持久性的需求包括例如确定有效性并确保反映现实世界连续活动的逻辑关系的机制之类的一些要素。文化可行性则考虑到了不合逻辑的人类行为和实施决策的政治环境。

最后一个阶段是对所提出的变革的实施，实施这些变革改变了对初始问题的看法。如果需要，可以更深层次地循环应用软系统方法来寻找进一步的改进措施。这一过程将更加直接地运用初次应用软系统方法时对问题的建构（Smith，1999）。

4.8.2　效用理论

现代效用理论是从冯·诺依曼（Von Neumann）和摩根斯特恩（Morgenstern）的研究中发展而来。效用理论预测不确定条件下消费者的行为，认为个人总是追求期望效用最大化。它与消费者的风险厌恶特性相吻合，例如，每一单位额外财富的积累可以带来效用的连续微小增加，一般假设效用函数为二次函数。

图 4.10 中描绘的无差异曲线 D1、D2、D3，可用来解释消费者将选择的产品组合。最优点为消费者预算线和无差异曲线的相切点，此时，消费者对同一条

无差异曲线上不同的 X 和 Y 产品组合不表现出偏好，但是为了追求期望效用最大化，消费者更偏好位置较高的无差异曲线，即偏好 D3 而非 D2。预算线和无差异曲线相切的点表明消费者处于均衡状态。两种产品的价格比和边际替代率相等时，效用最大。

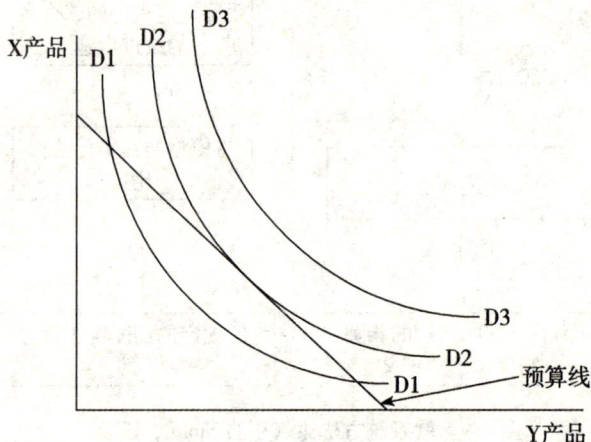

图 4.10　典型的无差异曲线图（引自 Coyle，2001）

效用理论可用于不确定条件下制定决策的核心问题——决策者对待风险的态度；然而，在大多数行业中效用理论往往被看做一种不易应用的理论技术。Hertz 和 Thomas（1983）描述了把效用理论转化为实践工具的尝试。他们得出结论，目前要警示管理者在决策制定时可能会存在偏见，这很重要。

4.8.3　风险态度与效用理论

计算决策结果的期望货币值（EMV）只需要一点点概率基础知识（Rafferty，1994）。在风险条件下制定决策时，可以把追求期望货币值最大化作为决策的标准。然而，实践中更常见的是，理智的消费者更偏好选择期望值最高方案的替代方案。

效用理论给我们理解这种行为提供了一种模型。个人对待风险的态度是通过考察其在冒险和固定回报（支付）之间的权衡来测定的。基于此，可以把个人划分为不言自明的三类：

- 风险中立者；
- 风险偏好者；
- 风险厌恶者。

通常可利用"基本参照彩票"（BRLT）来比较风险。例如，假定某人拥有一张彩票，他赢得 10 000 英镑或什么都没得到的概率是相同的。这张彩票的期望值计算如下：

期望值 ＝（10 000 × 0.5）＋（0.00 × 0.5）＝ 5 000（英镑）

现在来问，上述三类不同风险态度的人会为购买这张彩票付多少钱，他们的反应会不同：

● 风险中立者。理论上，这组人愿意以 5 000 英镑的最低价格（即期望值）出售这张彩票。他们认为持有这张彩票和以 5 000 英镑将其出售这两种结果是无差别的，对这组人来说，投机的确定性等值就是 5 000 英镑。

● 风险偏好者。这组人会因为冒险的刺激而持有这张彩票，除非有意购买者愿意以超过期望值很高的价钱购买，否则他们是不愿意放弃这张彩票的。这种做法在数学上看是不理性的。

● 风险厌恶者。这组人认为，以低于数学期望值的价格卖出这张有 50% 的可能会一无所得的彩票是值得的。

图 4.11 表示理性人有时候是如何偏好那些没有使货币值最大化的结果，但没有解释其原因。效用理论指出，人们追求自己的效用最大化而非期望货币值最大化。效用在不同的人之间是不同的。个人的效用函数不可能与他所服务的组织的效用函数一样。

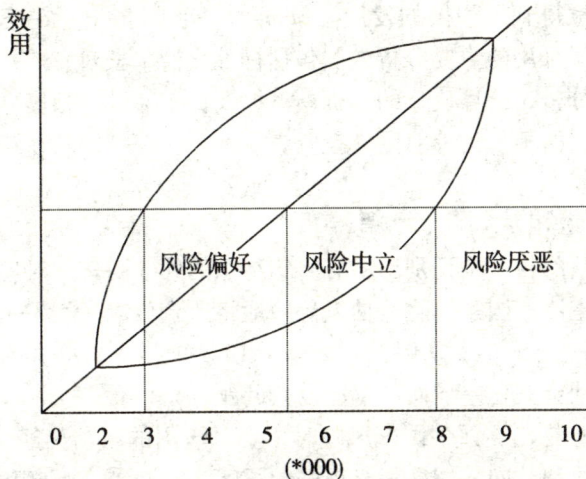

图 4.11　风险选择（引自 Coyle，2001）

4.8.4　提名小组法

提名小组法（NGT）是头脑风暴法的变形。它是一种用来产生想法的方法，这种方法用来克服头脑风暴法的一些不足。在提名小组法中，小组成员都记录一些风险，然后把这些风险提交小组一起讨论。在陈述的过程中，小组成员独立地给每项风险打分和排序。然后再对评分进行数学合计以形成小组的决策（Frosdick，1997）。

4.9 国家风险分析

国家风险评估是处在未成熟阶段的一门新的学科，其范围和术语都还不明确（Leavy，1984）。这可通过比较"主权风险评估"和"政治风险评估"加以说明。"主权风险评估"术语通常用于银行界，指的是向外国政府提供贷款涉及的风险；而"政治风险评估"是用来预测在不同的社会政治环境下经营时政治稳定性和非营业风险的方法。政治风险研究领域中已出现了一些显著的成果，如商业生产存货核对清单、专门出版物和定量方法。定量方法主要基于决策树分析法、系统化的德尔菲法以及其他用来评估政治风险因素的多元统计分析方法，在欠发达国家更是如此（Desta，1985）。

Leavy（1984）指出，国家风险评估旨在对一国的总体风险、非营业风险（α风险）和营业风险（β风险）进行评估，这些风险可能会影响外国投资。随着研究者们对最适合提取和评估信息的系统的不断寻求，服务于国家风险评估目标的技术和框架也得到了积极的发展。Blank（1980）指出，在成型的国家风险评估过程中，公司采用的主要分析方法包括标准化清单核对、前景规划、结构化定量格式、统计分析、计算机化的投资模型以及德尔菲法。很多这些方法也被公司用于国内投资，而不只是针对国外投资。

4.9.1 国家风险的来源——清单

国家风险评估的目标是识别出所有影响组织的外部因素，对项目的可行性进行彻底的评估。主流的国家风险评估方法一般将风险分成三类——政治风险、金融风险和经济风险（Sealy，2001）。Leavy（1984）指出，公司在外国经营时，有必要考虑由于社会文化差异而产生的复杂问题。

Nagy（1979）指出，评估国家风险时，要对该国的政治、经济和社会结构，包括政府的个别的和共同的特性都有很好的了解。对立法、制度和管制框架的了解也同样关键。熟悉关于过去和当前政治趋势的事实和数据有助于理解上述内容，有逻辑性地、系统化地评估未来事件发生的概率时要用到这些信息。

4.9.2 政治风险

政治风险可以按照有可能对给定投资的盈利预期产生影响的政治事件来分类（Haendel，1979）。Gutmann（1980）的观点是，这是公司进行投资决策时感兴趣的主要领域。这一点被伊朗国王的下台所证实，那起政治事件对所有金融交易都产生了极坏的影响，比如，很多国际投资的项目被新政权没收，账单无法结算，当地货币贬值等等。

Sealy（2001）引用《IBC 美国国际国家风险指南》中的政治风险因素，将其依据关键程度排序，再结合其他文献资料中提到的因素，将这些政治风险因素汇总为：

- 政府稳定性；
- 社会经济状况；
- 投资环境；
- 内部冲突和政治上的军事干预；
- 外部冲突；
- 腐败；
- 宗教／种族关系紧张；
- 政策体系和经济管理；
- 法律和秩序；
- 民主责任和官僚素质。

4.9.2.1 政府稳定性

政府稳定性反映了政府在执行其所宣布的纲领和保持执政方面的能力（Sealy，2001）。它包括政府统一性、政府间联系、政府的立法力量和受人民支持的程度。它还包括政权更迭和为争夺政治权力而发生叛乱或政变的可能性（Thunell，1977）。

如果现任政府无能或软弱，或以微弱多数当选，或当权政府的权力基础不稳定，或存在一个有组织的极端主义者集团，那么现任政府被一个极端的政府接管的可能性就会很高（Nagy，1979）。

4.9.2.2 社会经济状况

Sealy（2001）认为，社会经济压力包括高失业率和贫困问题，会限制政府的行动或激起社会公众的不满。个人平均所得低的国家的政府，由于政府在其他支出上的预算约束会导致人民生活水平的下降，所以可能会被迫延期偿付债务。Gutmann（1980）提到，不利的社会状况，比如，由于收入分配不均而在社会各阶层或种族之间形成的贫富差距悬殊问题，可能会引起社会的不满和暴乱。

Leavy（1984）对社会文化因素进行了更加深入的研究，这些因素包括经济类型、意识形态（资本主义的、社会民主的、民主或共和的）、人口特征、教育水平、社会规范／价值／信仰、社会流动性、社会结构以及文化。

政府如果无力解决好诸如人口过快增长、收入分配不均、不规范的劳动关系、文盲增多这类结构性问题，就会加重社会经济问题（Nagy，1979）。特别是在一个有着劳动力供给普遍不稳定历史的国家，项目遭遇罢工的风险是很大的，因为在那里罢工是合法的，政府也无力禁止罢工，工资低，工会势力强大，劳动力市场就会很紧张。

4.9.2.3 投资环境

与投资有关的风险可能是一个独立的因素，或者是政治风险、经济风险和金融风险三者的结合。Thunell（1977）和 Haendel（1979）论述了投资环境的变量，包括：宪法对外资所有权的支持、歧视和控制国外公司的商业活动、资本撤回、当地货币和物价的稳定性、政治稳定性、提供关税保护的意愿以及当地资本的可利用性等等。Sealy（2001）认为围绕项目投资的风险包括：合同的可执行性或财产被没收的可能性、利润的返回以及拖延支付。

4.9.2.4　内部冲突和政治上的军事干预

Sealy（2001）指出，评估内部冲突风险时，需要评价该国的政治动荡程度及其对政府的影响。投资者比较偏爱那些不存在武装反对力量的国家，以及不对平民百姓施加武装暴力的国家。而那些频繁经历示威游行和游击活动或者卷入不断的内战、恐怖主义或政治暴力猖獗、行政无序的国家被认为内部冲突风险很高。

军事力量卷入政治会削弱国家的民主责任，这表明政府无法有效地发挥作用，这也阻碍了外国公司的有效运作。而且，这会加重形成武装反对力量的可能性，从而带来在极端情况下政府被武力接管的风险。

4.9.2.5　外部冲突

来自国外活动的压力会影响掌权政府，这些压力是以非暴力的方式施加影响，例如外交压力、拒绝提供帮助、贸易限制、领土争端、国际制裁、小至跨界冲突大到全面爆发的战争这样的暴力影响。Sealy（2001）列举了可能会严重地影响外国公司的外部冲突：限制外国公司经营的可能性、贸易和投资的国际制裁、经济资源分配的扭曲和社会结构的强行改变。

4.9.2.6　腐败

政治体制的腐败被认为是对外国投资的一种威胁，因为它可能会扰乱经济和金融环境，运用不公平的任免权任命不称职的人员而降低政府和公司的效率，导致政治体制的不稳定（Sealy，2001）。我们可以在现行的或潜在的情形中发现腐败的迹象，比如过分庇护，偏袒亲属，工作提前内定，官官相护，公共资金的不合理分配，秘密的党派集资等。腐败的破坏力之大可使政府倒台，使国家政治制度重组，或让法律和秩序崩溃。

现实中，腐败通常出现在财务金融程序中，如进口和出口许可证受贿、交易控制权、征税估值、许可权的授予、投标或招标程序、警方保护或贷款。腐败行为以多种方式妨碍国家的发展，比如降低经济增长速度、驱赶外国投资者、剥夺国家发展基金等等。

4.9.2.7　宗教/种族紧张

这种风险的程度体现为国内由于宗教、种族、民族或语言差别而引起的紧张程度，会危害国家的稳定（Gutmann，1980）。

一个宗教群体在社会或政府中的至高权力可能会压制少数人的宗教信仰自由，甚至导致用宗教法律代替民法，最坏的情形下可能会导致国家分裂，特别是当这个宗教群体背景强大，组织完善，全副武装，并受到狂热冲动不负责任的领导者带领下时更是如此（Nagy，1979）。在这种情形下，偏狭的、冲突公开化的、反对宗教信仰和种族群体的国家无疑是有很大风险的。

由于种族、部落、宗教或意识形态的差别，加之政府无力以结构化改革的方式控制现状，就会导致不同人群间根深蒂固的痛苦对抗，引起暴乱、骚乱和内战的高发性。在暴乱、骚乱或发生革命的情况下，国家的偿债能力就会下降，因为这些事件很可能导致国家资源枯竭，生产瘫痪，生产力下降，资本外逃，创业、管理和技术等专有知识的缺失，当然会削弱国家向外国借款的能力。

4.9.2.8　政策体系和经济管理

Goodman（1978）列举的政策因素考虑了与国家政治领导体制有关的经济和金融管理的品质。经济的低品质或管理不当会严重影响经济的发展。

4.9.2.9　法律和秩序

Sealy（2001）指出评估现有法律制度的力度和公正性的重要性，包括实践中对法律的遵循程度。

4.9.2.10　民主责任和官僚素质

民主责任是通过评价现任政府是否积极主动地对待民众来衡量的（Sealy，2001）。它的范围包括从高度的民主化到极端情况下的专制独裁。广受称赞的、高度民主化的国家的标志是自由公正的政府选举，活跃政党的存在，民众对政府的行政、立法和司法行动进行透明地控制和监督，公正的证据以及个人自由的宪法或法律保障。民主责任通常表现为以非专制的方式轮流执政。另一方面，专制则是指单个群体或个人通过武力或获取继承权的方式对国家进行的严酷统治。

4.9.2.11　经济风险

经济风险的评估意在审视一国经济的优势和弱势。它揭示了当前的国际收支差额，有助于规划和审察国家的长期发展前景，但前提是要正确地进行解释（Nagy，1979）。

Sealy（2001）列举了《IBC 美国国际国家风险指南》评估经济时使用的指标：

- 人均国民生产总值或国内生产总值（GNP 或 GDP）；
- 实际国民生产总值或国内生产总值的增长；
- 每年的通货膨胀率；
- 预算余额占 GNP 或 GDP 的百分比；
- 经常项目账户占 GNP 或 GDP 的百分比。

一国当前发展水平的概貌，可以从国民生产总值、国际收支余额和经常项目账户中得到。通常认为，国家经济越强大，即这三个指标值越高，意味着提供的投资机会就越多，投资的多样性和稳定性也就越强（Goodman，1978）。

在对一国经济情况的评价中，Ariani（2001）提出了几点补充包括：作为经济发展阶段要素之一的失业率，经济发展计划及其可行性的评估。评估对象包括主要的瓶颈、资源基础、自然和人力资源的状况及其可用性。

Gutmann（1980）指出了与世界能源分布相关的国家的能源供应的重要性。欧佩克（OPEC）自 1973 年以来一直强制石油涨价，拉大了石油生产国和消费国之间的差距。在评估一国的长期经济前景时，应该考虑到它对进口能源特别是石油的依赖程度，以及对本国资源的利用程度。根据这一评价标准，依赖进口石油作为其主要能源供应的国家是脆弱的。

周期性经济衰退的产生和蔓延是经济发展过程的一部分，这尤其会损害对外部冲击的经济承受力脆弱的国家（Nagy, 1979）。总体经济情况的严重恶化，包括经济过热、劳动力市场紧张、经常项目账户或国际收支余额下滑、居高不下并不断增长的利率、价格猛涨、商业活动的减少，都可能导致经济衰退。

4.9.3　金融风险

根据 Sealy（2001）的观点，金融风险的本质和国家的支付能力有关，包括官方的、商业的和贸易的债务契约。实践中它涉及广泛的领域，包含国家的现行金融支持体系和框架。

金融风险包括：

- 外债占 GDP 的百分比；
- 外债本息占产品和服务出口额的百分比；
- 经常项目账户占产品和服务出口额的百分比；
- 以可支持进口时长（以月为单位）表示的净国际清偿能力；
- 汇率的稳定性。

根据 Goodman（1978）的观点，金融风险直接或间接地和一国的净国际流动性相关。外国资产和负债减少而到期日延长，对于本国有利。可通过国际储备对进口的比率衡量资产，通过国家的债务本息负担得出负债的多少。

Gutmann（1980）认为，在众多的财务指标中，和国家的外债有关特别是描述当前债务负担的偿债比率指标，是相关度最高的指标，评估者要清楚这一事实：有效的财务信息通常涉及无担保的私人债务、近期签订的债务以及当前合同要偿还的到期债务。

Gutmann（1980）对国家的金融分析进行了提炼，他指出金融制度的品质至关重要。一般认为，有着强大金融设施——由有效的中央银行和健全的制度框架所构成——的国家，精通债务管理和处理国际金融关系。如果发生政治或社会动乱，支撑性的制度有助于金融运行的稳定性。

以上所讨论的国家政治、经济、金融风险是与外国投资密切相关并被认为会对其产生实质影响的主要方面。特别是鉴于变动的国际商业环境，应开发系统性的程序以对风险预警，以便全面透彻地评估风险。

4.9.4　组织对风险管理技术的应用

最近有一项对组织的各个层级所使用的风险管理技术的调查，以下是调查结论的要点（Merna，2003）。

风险识别阶段使用的风险管理技术有：

- 公司层和战略业务层普遍使用头脑风暴法；
- 核对清单法在项目层常用，有超过70%的组织使用这种技术；
- 项目层还普遍使用提示清单或风险指标；
- 风险纪录在整个组织中都使用。有超过70%的组织在战略业务层和项目层使用这种技术；
- 公司层和战略业务层很少运用价值管理技术。价值管理工具主要在项目层应用；不过，公司层一般应用价值管理过程的业务案例阶段。

风险分析阶段使用的风险管理技术如下所示：

- 访谈法在公司层是非常普遍的技术；
- 价值管理是一种偏重于项目导向的工具，公司层通常不采用；
- 概率—影响表法通常用于战略业务层和项目层；
- 决策树法被视为项目层应用的技术，有超过60%的组织使用；
- 蒙特卡罗模拟法和敏感性法分析更多地被看成是项目导向的技术；
- 大多数风险分析都在项目层进行，随后是战略业务层，然后是公司层；
- 数学导向的技术主要用于项目层。

4.10　本章小结

在对项目和业务投资的评估中，风险管理技术的选择和应用极其重要。如果没有经过全面彻底地评估，就不应该在项目或业务中增加额外预算费（应急费用）。

风险管理技术普遍适用于所有的风险评估。组织对风险管理工具和技术的选择应该以其从事的投资或项目的类型为基础。值得注意的是，不存在分析某种特定风险的专门技术。对具体风险管理技术的应用取决于实践者自己的判断。

本章描述了风险管理过程中公司层、战略业务层和项目层所应用的定性和定量技术工具的选择。本章也阐述了价值管理过程的主要特征及其应用。

第5章 为项目融资、融资风险以及风险建模

5.1 引言

理解公司融资和项目融资之间的区别是很重要的。公司融资是传统的融资，贷款的偿还来自于组织，以组织的资产负债表为支撑，而非来自项目的收入。债权人考察组织的整体财务实力或资产负债表，这是其为项目提供贷款的先决条件（Merna 和 Njiru，2002）。项目融资中，项目作为资产负债表之外的交易，是在特殊项目实体（SPV）下进行的，债权人无权追索项目背后主要组织的资产。

本章将讨论主要的融资资源，然后简要地描述在风险管理过程中面临的主要风险阶段，即风险的识别、分析和应对。本章还概述了影响融资选择的风险以及如何管理这些风险，简要解释了风险管理软件和建模的用法及优点。

5.2 公司理财

公司理财是涉及公司制定的财务决策以及制定决策所使用的工具和技术的特定领域，它大体上可以分为长期资本投资决策和短期营运资本管理两大部分内容。

图 5.1 概括了公司理财过程，阐述了其决策制定的三种类别：

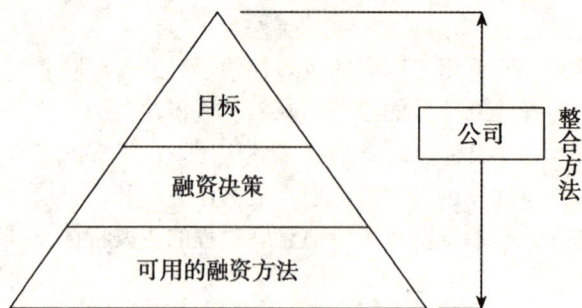

图 5.1 公司理财目标的层次

- 目标——投资决策。管理者要在互斥投资机会间分配有限的资源。公司层的管理会定期地面对这些决策，并发展了出有助于决策制定的专门技术和特有

的行业知识。

- 融资决策。公司的投资需要合理的融资。融资组合会影响组织的估值（因而影响到组织面临的风险水平）。管理者要识别出融资的"最佳组合"——使组织价值最大化的资本结构（Damodran，1997）。
- 可用的融资方法——股利决策。管理者要决定是投资于新增项目，还是对现有项目追加投资，或把闲置现金作为股利发放给股东。股利主要是根据组织的未分配利润和下一年度的营运前景来确定的。如果没有净现值为正的投资机会，管理者应该把过剩的现金返还给投资者。应用于这一决策制定过程的技术包括（Damodran，1997）：
  - 现值；
  - 财务报表分析；
  - 风险和回报；
  - 期权定价。

大多数公司都兼有债务融资和股权融资。公司的杠杆是由债务对股权的比率决定的。高杠杆公司的债务多，低杠杆公司的股权价值高。很多公司试图确定加权资本成本。表 5.1 就是加权资本成本的例子。

表 5.1　加权资本成本

财务杠杆	百分比	资本成本	加权资本成本
债务	4 000 万英镑	6.5	2.6
股权	6 000 万英镑	11	6.6

关于债务股权比率的公司风险有双重含义：

1. 高债务股权比率要求按期偿还贷款，这通常会减少股东的股利。
2. 高的股权比例会导致公司失去对股东控制的风险。

5.3　项目融资

目前对"项目融资"还没有确切的法律定义，但项目融资这一概念在发达国家的公司理财和业务中被广泛应用。

项目融资这一术语涉及各种融资结构。这些结构有一个共同特征——融资并不主要依赖于融资方的信用支持或涉及的实物资产的价值。在项目融资中，优先债务的偿还主要依靠项目本身的绩效（Tinsley，2000）。

Merna 和 Owen（1998）把项目融资概念描述为：

每个项目都由其自身的理财组合所支持，只为项目或设施自身担保。项目被看作其自身的分散实体，在法律意义上从其创立者那里分离出来。项目自身的存在就形成了特别项目实体（SPV）。银行把资金贷给 SPV（无追索权或有限追索

权），就意味着贷款的偿还完全依赖于 SPV 产生的现金流，SPV 的资产被当作担保品。因此，尽管 SPV 可能有很多发起人，但债权人除对项目本身外，对发起人的其他资产没有索取权。

项目融资指的是基于无追索权或有限追索权的基础设施、工业项目、公共服务设施的长期融资，可采取借债、中间层融资（通常以债券的形式）或出售股权的方式来为项目融资，并靠项目所产生的现金来偿还（国际项目融资协会，2003）。私营部门组织运用项目融资来为资产负债表外的主要特许项目融资。项目融资的实质就是为私营公司创造出稳健的融资结构，在这个融资结构里，风险只在项目自身，资金提供方对项目发起人的资产没有追索权。

Esty（2004）同意上述项目融资的定义，但同时也表明，以下融资选择不应被视为项目融资：有担保的债务、供应商融资支持的债务、次级债务、租赁、合资公司或资产支持证券，因为这些都暗含了对资产的追索权。

5.3.1　项目融资的基本特征

项目融资的几个特征不可或缺（Nevitt，1983），下面是对这些特征的简要描述。

5.3.2　特殊项目实体（SPV）

SPV 是与发起人的组织分离的、通常由政府许可运营的公司。一般的，SPV 的种子股权资本是由项目公司的发起人提供的（Spackman，2002）。SPV 的杠杆水平（债务股权比率）一般较高。

5.3.3　无追索权或有限追索权的融资

在无追索权的融资中，项目的债权人对项目发起人的现金或资产没有追索权。然而，在有限追索权的情况下，如果发起人对某些可辨认风险提供了偿付的保证，那么债权人就能得到发起人的部分资产和现金作为补偿。

项目融资的优点如下：由于项目没有被与项目不相关活动的亏损或负债所拖累，债权人会更有信心。无追索权的贷款也有助于保护债权人的抵押权益，赋予其在项目表现差时更换项目管理团队甚至取消或卖掉项目的权力，以最大限度地保障其在项目中的利益。

项目融资也有缺点。投资者可能会得到价值少或没有剩余价值的未完成的设施。因此债权人要小心行事，以确保项目设施能完全地偿还贷款、债券和满足股东的权益，当然最重要的是为发起人赚得合理的利润（Merna 和 Dubey，1998）。

5.3.4　资产负债表外交易

项目融资的无追索权特性给项目的发起人在资产负债表外建立融资项目提供了一个独特的工具。这种安排为各种项目筹集到了资金，如果没有项目融资，则可能筹不到资金，特别是当发起人处于以下两种情况：

- 不愿将其资产暴露于由项目引起的负债下（或基于这种考虑，正试图减少这种暴露）；
- 基于其总资产财务状况，无法借到足够的资金（Benoit，1996；Heald，2003）。

5.3.5　项目融资的主要基础：项目有充足的收入流

项目的未来收入流是项目融资最关键的因素。项目的全部融资都依赖于项目的可靠收入流，因为债权人和投资者只对项目所产生的收入流和项目的资产拥有索取权，而一旦项目结束，项目的资产不一定有残值（Spackman，2002）。因此，项目的发起人必须通过各种方式来证实未来收入流的可靠性，比如，发电厂签订电力销售合同，在收费公路项目中取得收费权，或签订商业不动产项目的租赁合同（Tinsley，2000）。通过计算机软件模拟项目可能是获得资金的一个有效途径。把预期的成本和收入数据输入模拟模型里，项目是否可行的决策就制定出来了。

5.3.6　项目及其现金流

广义上讲，一个项目要经过三个主要阶段：

1. 项目评估；
2. 项目实施；
3. 项目运营。

现金流是在一个项目阶段的特定时期，现金流入和现金流出的总和。项目的现金流是项目发起人的收益的唯一来源。在偿还债务、派发股利、偿付债券利息、支出运营和维护费用和向政府纳税后，项目留给发起人的不是盈余就是亏损。盈余或亏损量取决于偿债的条款、SPV 创收的能力以及项目所包含的风险。即使超过盈亏平衡点，项目有时仍然是有风险的。在评估阶段，各参与方的各种合同协议，以及项目批准与否的决策都是在估算项目现金流的基础上形成的。

累积现金流，也称净现金流，是项目在每个财年的现金流总和。项目生命周期里某一年的累积现金流，可通过把净现金流入和净现金流出相加得到（Turner，1994）。累积现金流用来确定每个时期的盈余或亏损额。

图 5.2 为常见的项目累积现金流曲线。

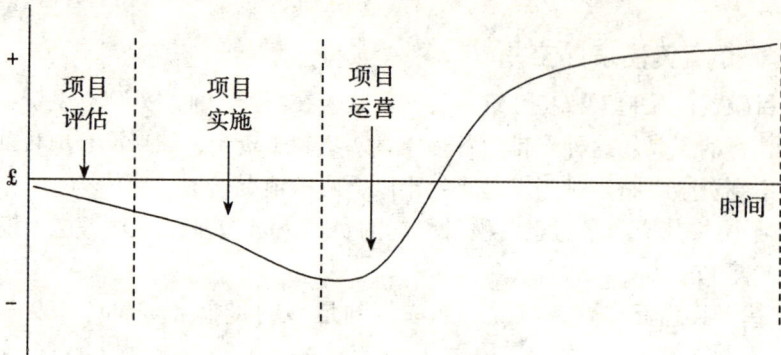

图 5.2　典型的项目累积现金流阶段

特定项目的累积现金流曲线的确切形状取决于如下变量：

- 设定项目目标所花费的时间；
- 取得依法批准；
- 项目设计最终规划；
- 合同的敲定；
- 最终确定的融资安排；
- 建设施工速度和总量；
- 营运速度。

负的现金流量清楚地表明项目需要从外部融资，直至项目达到盈亏平衡为止。累积现金流量曲线的形状也揭示了在项目的初始阶段，对融资的需求相对较少。随着项目进展到实施阶段，对资金的需求稳定增长，在完成阶段达到最高点。这个点被称作项目的"现金锁定点"（CLU）。支出比率可用曲线的陡度来描述，通常也被称作"烧钱"，即在一段特定的时期内支出现金的速率。曲线越陡，对融资的需求就越大。一旦项目启用并开始产生收益，项目对外源融资的需求就将减少。最后，项目开始产生足够的资源来运营和维持，还会有现金剩余。然而，即使过了盈亏平衡点，在短期内项目可能仍需要融资，以满足收支的不匹配（Merna 和 Njiru，2002）。

在项目融资中，未来现金流量预测构成了项目融资的基础。项目财务经理的职责就是总体规划现金流量，使其既能满足项目的需要，同时也能吸引潜在的投资机构和个人愿意为项目提供资金。为了有效地达到这个目标，有必要对金融工具和其交易所处的金融市场有一个全面的了解。

现金流量及其与投资组合的关系将在第 6 章讨论。

5.4　金融工具

项目需要现金来为其投资活动提供资金。在大多数情况下，资本是通过发行或销售证券筹集的，这些证券称作金融工具，表现为对项目未来现金流量的要求权。同时，这些工具对项目的资产拥有或有要求权。在未来现金流量没有达到预期的情况下，它是一个保障。金融工具对项目现金流量和资产索求的性质及优先顺序，依其种类的不同而不同。

本书把金融工具描述成：组织／发起人用来为项目融资的工具。

传统的金融工具不是债务就是股权。然而，随着金融市场的发展和金融工具的创新，出现了其他不同种类的金融工具，这些金融工具兼有债务和股权的特征，通常被描述成夹层融资工具，特别是债券。相比之下，债权人对项目的现金流量和资产具有优先求偿权（Merna 和 Njiru，2002）。

普通股代表项目普通股东的所有者权益。在资产负债表上，股东权益等于总资产减去总负债。普通股对项目资产或现金流量的索取权排在最后。股权融资最适合被描述成"风险融资"。

夹层融资处于优先债务和普通股之间。典型的夹层融资方式有次级债务、初级次级债务和优先股，或者它们的一些组合。

除了债务、股权和夹层融资，项目融资还可采用其他一些金融工具如租赁、风险投资和援助。

5.5　债务

债务工具指的是从银行或其他金融机构（包括商业银行、投资银行、开发银行、退休基金及保险公司）举借的定期贷款，还包括债券和出口信贷。

5.5.1　定期借款

定期借款需要借款人与金融机构进行协商。一些银行和金融机构集合资金为大型项目提供贷款，称作联合贷款。银行和金融机构会为特定种类的项目设置其自身内部的风险暴露限度，这有助于分散风险。投资银行或商业银行一般担任债务发行的代理机构或发起银行。由于具有特定的技术或财务经验，许多银行专门从事特定种类基础设施项目的放款业务，例如，经济转轨时期和发展中国家的开发银行。

贷款的条款依放款人和借款人而异。利率有固定利率和浮动利率。石油部门项目借款的偿还可能需要 7 到 10 年，而发电项目则可能要 16 到 18 年（Merna 和 Owen，1998）。造成这种差别的一个原因是项目的"建设与交付使用的间隔滞后"。项目贷款的类型由项目的特征和已有的金融工具决定。

根据 Merna 和 Smith（1996）的观点，举借债务资本的成本除了利息外，还有一些固定费用，它们是：

- 管理费。债权人为管理债务的发行而按其贷款额度的百分比收取的手续费，通常在放款前由举债方支付。

- 承诺费。基于全部借款中未使用部分计算。
- 代理费。通常在借款后每年支付给发起银行作为其代理贷款业务的费用。
- 承销费。预先向承诺销售证券的银行或金融机构支付的费用，以补偿承销机构因证券未被完全认购而付出的代价，承销费的金额为贷款额的特定百分比。
- 成功费。一旦贷款被全部抵押而按总贷款额的百分比支付的费用，此费用同样也在借款前支付。
- 担保费。如果贷款具有违约担保，则每年要按未偿还的贷款额的一定比例支付担保费。

具体的贷款计划可能涵盖以上所有或一部分项，或者一项都没有。在特定的情形下，放款人要求的利率已经包含了上述所有费用。借款人要仔细地分析不同来源贷款的成本。举借定期贷款的总成本同其他形式的大规模融资的成本相比要低些，这是因为借款方只需通过牵头银行和少数出借人协商贷款事宜，减少了协商成本。而且若发生违约，重新协商新的定期借款要比使用其他融资工具都容易一些（Tinsley，2000）。

5.5.2　备用贷款

组织／发起人可以和出借人商定备用贷款，备用贷款费用高于定期贷款，它可用来满足超出定期贷款部分的资金需求，这通常是由于在运营的早期阶段收入低于预期而造成的（Merna 和 Njiru，2002）。

5.5.3　优先债务和次级债务

对公司／项目资产的要求权而言，优先债务居于金融工具的最高级。这意味着发起人违约时，优先债务的债权人对项目资产拥有第一求偿权（Khu，2002）。Merna 和 Smith（1996）认为，贷款人应该考虑偿债能力比率（DSCR），该比率可表达为：每年可用来偿债的现金流量除以债务余额。在英国，贷款人认为基于最坏情形下的经济参数计算的 DSCR 为 1.2。在发展中国家的资本市场，DSCR 可能高达 1.8（Lamb 和 Merna，2004b）。

顾名思义，次级债务次于优先债务，通常对项目公司的担保品具有第二求偿权。这意味着发起人违约时，在所有的优先债务都偿还完毕后，次级债务的贷款人才有求偿权。因其在资产的索取权上排在优先债务之后，出借人对次级债务要求的收益率就要高一些。次级债务的利率通常也就比优先债务的高一些（Khu，2002）。例如，优先债务的利率可能是伦敦银行间同业拆借利率（LIBOR）加上200 个基点，而次级债务的利率则可能是 LIBOR 加上 400 个基点。次级债务通常用于再融资或项目一揽子融资的重组上。

5.6　夹层融资工具

这类金融工具有很多，它们优先于股权，但次于债务。其中一些和债务很接近，而一些又具有股权的特征。

Higgins（1995）将债券定义为一种固定收益证券。持有者每年可以得到固定的利息收益，到期日收回确定金额的本金（除非发行债券的组织破产）。债券和其他形式的债务（如定期贷款和担保借款）的区别是，债券是次级债务的一种。与信用债券相似，借款方以较小的增量来发行债券：在美国，通常是每张1 000美元。发行后，投资者可以在有组织的证券交易所对债券进行交易。

Khu（2002）给债券定义了以下几个特征值：

- 面值；
- 息票利率；
- 到期日；
- 债券收益率；
- 到期收益率。

在偿债基金的安排上，债券可以在到期日一次性偿还，也可在到期前偿还。债券的偿还是通过偿债基金进行的。偿债基金是由债券托管人（信托人、受托人）为偿还债券而持有的一个账户，借款人通常每年都要向债券托管人支付资金。根据契约规定，托管人既可以从市场购买债券，也可用抽签的方式随机地选择购买，一般以面值购入。偿债基金对债券持有者有两种对立的影响：对于贷款方来说，借款人处于财务困境而不能满足偿债基金需求时，它扮演着一个早期的预警系统；当债券价格走高或走低时，它对借款人是有利的。市价低时，借款人以低价购回债券，市价高时，借款人仍然可按相对低的面值购买债券（Tinsley，2000）。

5.6.1　债券评级

债券能否成功发行，尤其取决于债券的质量。有很多公司对公开交易债券的投资质量进行分析，分析结果以债券评级的形式发布。评级结果取决于借款人的财务参数，借款人运营项目所处的整体市场环境，项目所在国的政治环境以及与项目密切相关的财务资源。债券评级是基于对以下几个方面不同程度的考虑：

- 及时支付债券利息和偿还本金的违约可能性；
- 债券的性质；
- 债券的条款。

评级结果通常以字母 A、B、C 表示，在特定金融市场上也可用字母或数字的组合来表示；债券在没有评级之前，是不允许公开发行的，美国债券市场就是这样。因为低等级债券的利息成本较高，所以评级结果很重要。评级机构对借款方的财务绩效及其所在国的总体市场环境和政治环境进行尽职审查。评级结果会随着出现的问题而向上或向下调整。

组织对利息和本金的偿付能力对债券持有者而言是很重要的。一些组织的财务实力比其他组织强一些，这有利于其承兑债券。组织的偿债能力是要被评级的。债券等级是一个组织的资信可靠度的反映，并且基于以下几个方面：

- 借款组织不履行利息偿付的可能性；
- 组织不履行本金偿付的可能性；
- 债权人在借方违约时的保护措施。

标准普尔（S&P）和穆迪（Moody's）是两家主要的债券评级机构。表 5.2 解释了各类债券的等级和各自的定义。

表 5.2   **债券评级**（引自 Khu，2002；Merna，2002）

债券评级		说　明
标准普尔	穆迪	
		高等级债券
AAA AA	Aaa Aa	支付利息与本金的能力很强
		中等级债券
A BBB	A B	支付利息和偿还本金的能力强，尽管在环境和经济条件改变的不利情况下稍会受到影响。高等级债券和中等级债券是投资型债券
		低等级债券
BB B CCC Caa	Ba B CC Ca	足以支付利息与本金，尽管在环境和经济条件改变的不利情况下更可能削弱支付利息与本金的能力。被视为投机性债券，CC 级和 Ca 级债券的投机程度最高
		非常低等级的债券
C	C	这一等级的债券属于收益债券，不支付利息
D	D	这一等级的债券经常违约，拖欠支付利息与偿还本金

5.6.2   债券的种类

5.6.2.1   普通债券（纯债券）

普通债券或固定利率债券是一种息票利率在债券发行时就已被设定的债券。

固定利率债券的缺点是在到期前，如果通货膨胀率和利率上升，持有者会遭受损失。另一方面，持有者在市场利率下降时将获利，这是因为债券持有者按发行方先前设定的票面利率收取利息。

5.6.2.2 浮动利率债券

这种债券根据预定的公式，定期地对债券的息票利率进行调整。息票利率和一些短期利率如6个月的 LIBOR 相联系。这种情况下，当通胀率和利率在到期前浮动时，息票利率将会根据预定的公式进行调整。通常，浮动利率债券以平价或接近平价的价格出售。

5.6.2.3 零息债券

这种债券也称深度折价债券、纯折价债券、原始发行折价债券或零息债券。零息债券在债券的存续期间不支付利息。投资者按债券面值深度折价的价格购买债券，票面价值就是债券到期时的价值。零息债券到期时，投资者将收到初始投资和应得利息的总和。此类长期债券使得投资者可以进行长远目标规划，比如支付孩子的大学教育费。深度折价使得投资者可以把小笔的钱存起来以使其长时间增值。

5.6.2.4 垃圾债券

这种债券也被称作高收益债券或低等级债券，评级结果为 BB 级、Ba 级以及更低等级。其支付的利息通常要高于更高等级的债券。垃圾债券被认为是高风险项目。例如高风险的赌场项目，可以通过发行垃圾债券（现在即所谓的高风险债券）来融资。赌场项目也可以通过发行收益债券来融资，即投资者的获利直接和项目的收益或收入相关。

5.6.2.5 市政债券

这种债券由州或地方政府发行，其好处是可免交政府税，甚至可能会免交州税或当地税。

5.6.2.6 收益债券

这种债券是和借款人的收益直接相联系的债券。这种债券大体上都和传统债券很相似，只是仅在项目收益充足时才会偿付利息。

5.6.2.7 包装和未包装债券

包装债券是通过保险公司担保的，这使得债券的信用很高，由于有担保，这种债券一般被评为 AAA／Aaa 级，因此可以降低借款的成本。未包装债券没有担保人，债券的级别根据项目本身的质量来评定。反过来，项目的评级也会影响债券的价格。

通过私下交易进行的债券融资通常由资金需求量的大小决定其融资方法。政府贸易办公室（2002）指出，在英国，项目资金需求超过9 000万英镑时，倾向于债券融资。资金需求在6 000万至7 000万英镑间的项目，进行债券融资时，需要专业保险公司细致深入地评估，以确定这样的融资是否会因为与融资相关的成本而产生成本效益。例如，专业保险公司寻求回报率为 1% 到 2% 的债券，以此来弥补已识别的风险。

表 5.3 阐述了银行贷款和债券融资的特点。

表 5.3　　　　银行贷款和债券融资的特点（引自英国商务部，2002）

财务特征	银行贷款融资	债券融资
资金的来源	直接来自银行	债券投资者
资金的安排	银行与借款人之间协商	通过债券发行中介
资金的确定性	签订协议后：确定	有一些不确定性：只知道销售债券时才有望收到资金
到期（偿还）期限	最长 30 年	长达 38 年
灵活性	高：可提前还款，并可重新申请贷款	非常低：利息、本金的偿还没有协商余地
资金的取得	分阶段提取资金	债券销售后，整体取得资金
项目风险的评估	由银行评估风险	由债券发行中介评估风险
成本	借入资金的利息、未使用资金的承诺费	支付给债券投资者的利息、债券发行中介费、保险费（可选）
对项目的持续审查	重要。贷款条款中包含可能的步骤	几乎没有。项目融资后，债券投资者对项目几乎不产生影响
最佳额度	没有最佳额度	约为 10 000 万至 40 000 万英镑
再融资的机会	如果项目风险小于初始融资时假定的风险，可以再融资	不大可能发生。在项目的寿命期内，债券期限通常是固定的

写这本书的时候，英国、欧盟、美国的利率分别是 4.75%、2.0% 和 1.25%。这样低的利率意味着投资者会选择向银行借债而不是发行债券的方式来为项目融资。许多作者也指出，自 2002 年以来，美国债券融资的急剧下降是缘于安然（Enron）丑闻。债务是最便宜也是最灵活的借款方式，因此在过去 3 年中，银行贷款融资比债券融资的需求更大。

5.7　股权或权益

普通股和优先股

Merna 和 Owen（1998）把股权资本定义为投资者为投资机会提供的风险资本的净权益，通常表现为向投资者分配股份。

Rutterford 和 Carter（1998）把股份定义为组织中无形的权利束，这些权利既表明了所有权，也界定了股东之间的契约。契约条款，即与股份相关联的特定权利，包含在公司的章程中（Merna，2002）。

股权是公司资产去除所有外部负债（除了对股东的）后的剩余价值。股权通常被认为是风险资本，因为这些资金通常没有担保，而且对公司的任何资产都没有索取权，这些资产被用作贷款（债务融资）的抵押。然而，股权可以无限制地分享项目的盈利和公司价值的增值。股东基于组织的表现分得股利（股利是分配给股东的利润）。公司不盈利时不分配股利。公司只有在债务得到清偿后才可对股东分配股利。因此，在项目实体遇到财务困难时，股权的回报也会首先受到影响。这就意味着在最坏的情况下，当项目失败时，股东什么都得不到。因为承担了更大的风险，股东会要求更高的资本回报率。这就解释了一个一般规则：高风险项目更多地采用股权融资，低风险项目多用债务融资。

高比例的股权意味着低财务杠杆，高比例的债务相当于高杠杆。杠杆是用长期债务除以长期债务与股权之和的比率来衡量的。杠杆可用债务—股权比率来解释。高的财务杠杆意味着项目相对多地使用了债务资本，也意味着有较多资金用于偿还债务，有较少的资金可用于向股东分配股利。不过，如果项目盈亏平衡并且利润有所增长，股东将会得到更多的股利。项目发起人提供的原始资本，即所谓的发起人股份或递延付息股份，与项目所筹集的总资本相比，通常只占很小的一部分。在清算时，其求偿权排在普通股和优先股之后。

在无追索权融资中，如果利率高，债务—股权比率可高些，前提是贷款人对项目的风险结构满意。但是如果认为项目具有创新性，则贷款人会要求项目的股权资本更多些，在提供债务资金之前，就要求股权资本注入（Khu，2002）。

普通股在公开市场筹集。这些股票的持有者有获得股利的权利，和一股一票的表决权以及在项目清算时按比例获得补偿的权利。参与项目资产的权利为股东提供了获得最高投入资本回报率的机会（Merna，2002）。

优先股是一种比普通股拥有优先权的股票。这类股票在分配股利和清算收回资本时优先于普通股。优先股股东通常有每年分得固定股利并在清算时根据股份获得补偿的权利，以及受约束的投票权。董事会可能决定不对优先股股东支付股利，而这一决定可能和组织当前的收益没有关系（Merna，2002）。分配给优先股的股利可以是累积的也可以是非累积的。如果累积的股利在特定的年度没有支付，将递延到以后年度。通常，必须在支付过累积优先股股利和当前优先股股利以后才能支付普通股股利。未支付股利和债务不同。发行股票的组织可以无限期地推迟发放优先股股利。不过如果这样的话，普通股股东同样什么也分不到。有一种观点认为，优先股实际上是一种变相的债务。优先股股东只能分得规定的股利，在组织清算时可以得到规定的利益。然而，与债务利息不同的是，优先股股利不可在借款人的应纳税所得额中扣除（Merna，2002）。

Merna 和 Njiru（2002）还讨论了其他形式的金融工具，如存托凭证、租赁融资和风险资本。

5.8　金融风险

　　一般认为下面这些金融风险对组织／项目的财务可行性影响最大。这些风险影响累积现金流曲线的形状。Merna 和 Njiru（2002）识别了它们对项目的影响：

- 施工延期；
- 货币风险；
- 利率风险；
- 股权风险；
- 公司债券风险；
- 流动性风险；
- 对方风险；
- 维护风险；
- 税收风险；
- 再投资风险；
- 国家风险。

5.8.1　施工延期

　　施工延期风险是指工程项目没有按期完成或没有达到要求规格的风险。未完成的项目不能产生任何收入，无法对贷款人进行偿还。长时间的延期还会增加项目的成本，降低其商业可行性，特别是其产生收入的能力。有很多因素会影响项目的延期：比较常见的包括设计缺陷、政府管制、财务困难以及发起人的管理问题。以上所有风险都会对投资组合的经济参数造成不利影响（Leiringer，2003）。

5.8.2　货币风险

　　存在跨国资金流动时就会产生这种风险。随着 20 世纪 70 年代固定平价利率的崩溃，货币汇率根据不同货币的供给和需求而波动。投机者在货币市场的操作更增加了汇率的波动性。外汇交易包括任何货币，因此会面临货币汇率风险（Merna，2002）。可交换的货币能和其他货币或黄金自由交换，而不需要相应央行的特别授权。欧元的引入减小了欧盟国家公司间交易的汇率风险（Merna，2002）。

5.8.3　利率风险

　　利率风险直接影响借方和投资方。利率风险的暴露与否取决于所借资金的到期期限和其所在金融市场的发展程度。

利率风险一般可分为两大类。第一类是用于筹措短期资金的证券或金融工具的利率风险，这些融资工具在短期内就会到期，其利率风险主要取决于货币市场的发展程度。第二类是长期的金融工具的利率风险，但是这些金融工具的较长期限可被划分为若干较短期间（Tinsley，2000）。

5.8.4　股权风险

股权风险源于股价的上下波动。股价波动不仅影响持有普通股的实体，还影响公众持有的公司股份。这样的公司，如果股价显著下跌，将很难筹集到资金（Logan，2003）。

5.8.5　公司债券风险

公司债券在对公司资产的索取权上高于普通股而低于债务。公司通过发行债券为项目或投资组合筹集资金。公司债券由标准普尔和穆迪进行信用评级。如果债券信用等级为 AAA，意味着该债券几乎和政府债券一样安全，这样的债券被归类为高等级债券。中级债券是被评为 A 级的债券，投机性债券被评为 B 级，高风险债券常被视为垃圾债券，评为 E 级。债券的评级取决于与组织和融资业务相关的风险。显然，公司必须要知道与投资相关的风险，信用评级机构亦是如此。在债券评级和债券发行之前必须要考察项目风险和业务风险（Merna 和 Dubey，1998；Khu，2002）。

5.8.6　流动性风险

流动性风险是商业风险的结果。如果项目或投资组合产生的利润不足以偿还负债，就会产生流动性风险。流动性风险是一种潜在的风险，当实体不能到期足额偿付时就会产生。这时需要以高利率借入资金或低于市价出售资产，甚至出售投资组合中的个别项目。流动性风险极其重要，因为大部分借债，不管是银行贷款还是债券，都有"交叉违约"条款。这意味着如果组织未履行其偿债义务中的任何一项，附有交叉违约条款的债务就可能被贷款方要求立即偿还。如果触发该条款，则组织可能会面临更多的流动性问题，也许会被迫宣告破产。流动性风险通常被描述为现金流问题（Khu，2002）。

5.8.7　对方风险

任何金融交易都涉及双方或多方，一方就会承受其他方违约的潜在风险，称为对方风险。例如，如果一个组织有银行或金融机构的信用限度，就可能要承受贷款方不能按时提供资金的风险。另一方面，在贷款放出后，贷方则要冒借方不能偿还本息的风险。对方风险的重要程度取决于特定对方未清偿头寸的大小，以及双边净额结算机制是否有效（Galitz，1995；Smithson，1998）。

Fraser 等人（1995）也提到了由 Merna 和 Njiru（1998）识别的风险，但是他们仅在银行业内界定和讨论下述风险：

- 信用风险。银行无法从贷款或投资中收回资金（或借款方延迟支付）的风险，这也是近几年多数大银行失败的原因。
- 运营风险。营业费用尤其是非利息费用的风险，比如工资和薪水，可能比预期要高。缺乏控制费用能力的银行不可能有令人满意的收益。在充满竞争的市场环境中，营业成本费用严重超支的银行难以长期生存。
- 资本风险。缺乏充足的股权资本因而难以继续运营的风险。这既可以从经济角度来看，委托方拒绝将资金存入银行（导致流动性危机）时，就会发生股权资本不足的问题，也可从监管的角度来看（资本金低于规定的最低标准，银行监管当局就会关闭银行）。
- 欺诈风险。主要负责人、员工或外部人员通过伪造记录、自行交易或其他手段从银行盗窃资金的风险。欺诈风险与不健全的银行程序有关，有可能导致银行倒闭。

5.8.8 维护风险

完工项目不能有效运营时会产生维护风险。维护风险包括项目操作者的经验、资源、技术熟练工人的供给和其他参与方风险（Khu，2002）。

5.8.9 税收风险

在国内取得利润需要纳税。发起人很可能将纳税成本包含在其模型中。然而，这些模型往往不考虑税收的增加，如果税负确实增加，会严重危及项目（Merna 和 Njiru，1998）。

5.8.10 再投资风险

再投资风险是指将投资获得的利息和股利再投资时，可能得不到与先前投资一样的回报率。例如，利率下降可能使债券支付的利息不能获得与原始债券投资同样的回报率（Fabozzi，2002）。

5.8.11 国家风险

有大量的项目由国外的公司或战略业务单元实施（Ariani，2001）。Hefferman（1986）将国家风险定义为："与公开担保的贷款或直接贷给外国政府的贷款相关的风险"。不过，这个定义非常狭义。有关国家风险的识别在本书的第 4 章已经讨论过。

5.9　影响项目融资的非财务（非金融）风险

下列风险也会影响累积现金流曲线的形状，从而影响项目或投资组合的商业可行性。这些风险包括：

- 动态风险；
- 固有风险；
- 或有风险；
- 客户风险；
- 监管风险；
- 声誉／损害风险；
- 组织风险；
- 解释风险。

5.9.1　动态风险

动态风险与机会的最大化相关。动态风险意味着潜在收益和潜在损失是并存的，即发生确定损失以获得不确定收益的风险。每项管理决策都包含动态风险因素，而这些动态风险仅取决于承担风险的实际规则。在项目中，我们可以将源于风险的收益和损失进行权衡和比较（Flanagan 和 Norman，1993；Merna，2002）。

5.9.2　固有风险

处理固有风险的方式取决于公司的性质和公司的内部组织方式。例如，能源公司就从事含有固有风险的业务——火灾和爆炸的威胁无时不在，环境恶化的风险也是一样。另一方面，金融机构与能源公司相比，火灾、爆炸的风险很低，但是面临着其他风险。应该给予行业管理的风险与运营过程中固有的实际风险同等程度的关注，运营风险是在行业活动中肯定会发生的风险。比如，直到最近，重复劳损才被视为一个问题，但现在它正影响着雇主的责任保险（国际项目商业风险管理杂志，1998）。另一个例子是海湾战争综合征。

5.9.3　或有风险

有些事件不受组织控制但会对组织产生直接影响，而组织对其有某种依赖性，比如，实力较弱的供应商，此时就会发生或有风险。（国际项目商业风险管理杂志，1998）。一般应保留项目总价值的一部分来弥补或有风险发生时的成本。

5.9.4　客户风险

如果只依赖一个客户，组织就会变得脆弱，因为该客户可能会撤消业务，也可能被竞争对手夺走。通过创设大规模的客户群，可以有效地管理客户风险（国际项目商业风险管理杂志，1998）。

5.9.5　监管风险

公司只有持续关注环境的潜在变动，才有希望管理好监管风险。英国最近有一些这方面事例，比如，重复劳损，异常年份的意外所得税和给在军队中受歧视的妇女发放奖金等（国际项目商业风险管理杂志，1998；Merna，2002）。

2001 年 10 月，在伦敦股票交易所上市的 Railtrack 股份有限公司，在没有跟其债权人和股东磋商的情况下，就被转由英国交通部管理。承受股价波动风险的股东，很快意识到这样一种新的风险（Merna，2002）。

5.9.6　声誉／损害风险

声誉／损害风险就其本身而言并不是风险，而是另一种风险的结果，比如诈骗、建筑毁坏、不能解决客户投诉问题、不尊重他人等等。缺乏控制造成了这样的损失，而非事件本身。如果与媒体沟通和处理得当，公司在事故之后还是可以积极地采取行动走出泥淖的（Leiringer，2003）。

5.9.7　组织风险

基础设施不完善会导致公司控制薄弱和沟通阻滞，对业务产生各种不良影响。良好的沟通会促进有效的风险管理（Borge，2001）。

5.9.8　解释风险

同一组织中的管理者和员工由于专业术语（行话）而不能有效地进行沟通时就会发生解释风险。工程师、学者、化学家和银行家都有其各自的专业术语。保险公司可能是这方面的糟糕的例子，他们使用专业的方式来表达通常的含义。即使同一专业相同的词汇，在英国和美国也可能有不同的含义。

5.10　管理金融风险

管理风险有多种方法。与金融相关的大量风险和可能减轻风险的方式讨论如下：

- 施工延期；
- 汇率风险；

- 利率风险；
- 股权风险；
- 公司债券风险；
- 流动性风险；
- 对方风险；
- 维护风险；
- 税收风险；
- 再投资风险；
- 国家风险。

5.10.1　施工延期

如果发起人使用固定价格合同，尤其是全承包的一次性总付款合同，可能面临工程延期风险。如果承包方不能按时完成项目，则要向发包方支付违约赔偿金。而如果承包方完成的任务要好于预期，则可获得奖励。在大多数情况下，违约赔偿金抵消了因工程延期导致的发包方的利息费用，补偿了股权投资者的收入损失和由此引发的固定成本。不过，Ruster（1996）认为，延期损失赔偿金为合同价格的特定百分比，是封顶的（通常最多为 10% ~ 15%）。

发起人的建造预算中还包括涵盖预计成本增加的或有资金。在某些情况下，发起人会准备备用贷款以支付可能在项目建设或早期运营阶段发生的额外成本。备用贷款融资成本较高，如果有更便宜的贷款应避免使用备用贷款（Merna 和 Smith，1996）。

保险是管理施工风险的另一种方法，其涵盖的范围很广，包括从雇员责任到不可抗拒的自然力。

5.10.2　汇率风险

如果项目的收入使用当地货币，而贷款的偿付使用外国货币，汇率的波动就会产生汇率风险。本地货币相对于外国货币贬值时，项目的发起人就不得不以更多的本国货币偿付债务，从而导致项目的盈利减少进而影响项目的商业可行性（Ariani，2001）。

发起人可利用下述金融工程技术来管理汇率风险（Khu，2002）。

5.10.2.1　远期外汇合约

这种方法通过固定未来交易的汇率来减少风险。签订远期合约表明，未来支付要按当前约定的汇率来确定。对于项目所使用的货币的浮动，外汇远期合约为其限定了范围。

5.10.2.2　货币互换

这是管理风险的另一种方法。发起人借入硬通货并用当地通货为项目融资。

发起人可以达成一个协议，规定可以用硬通货套换当地通货，从而达到用硬通货融资的目的。

5.10.2.3 货币期权

这种降低风险方式的原理是，固定汇率的同时，发起人有权在市场汇率对其有利时从公开市场融资。

5.10.2.4 使用当地货币

使用发展中国家当地的货币为项目融资是有利的，可以减少项目对外国货币的依赖。

5.10.3 利率风险

利率的变化会给组织/发起人带来重大影响。不过，衍生金融工具市场发展出的金融工程技术可解决这个问题。这些技术包括如下。

5.10.3.1 远期利率协议（FRA）

远期利率协议和期货合约类似，但 Glen（1993）认为这些协议还有其他优势。这些优势就是，远期利率协议是按交易方的意思所制定的，所以协议确定的到期日和金额就会更加符合其可能面临的风险，而且远期利率协议是同当地银行签订的，这更保证了它的信誉。例如，某发起人已经偿还当期借款，还想再举借为期 6 个月、价值 500 万英镑的借款，但是发起人预期利率会上升。这种预期的利率上升所造成的潜在损失现在就可以通过安排远期利率协议来得到补偿。

5.10.3.2 利率互换

利率互换契约由双方签订，在约定的时期内，双方基于名义本金定期向对方提供偿付。之所以是名义本金，是因为在单一货币交易中没有必要交换实际的本金数额。利率互换不考虑外汇，换言之，只需用名义本金数额来计算定期互换的实际现金流量。

利率互换最常见的形式是，将名义本金使用固定利率计算出的一系列支付，转换成一系列用浮动利率按类似方法计算出的支付。这就是用固定利率互换浮动利率。还可以把两个系列要互换的现金流都用浮动利率计算，但要基于不同的基本指数（Khu，2002）。

5.10.3.3 利率上限和下限

这种方法也可以降低利率风险。例如，发起人和银行约定以 LIBOR 加 2% 的利率借入定期贷款。发起人同时买入 7% 的利率上限（利率顶），并卖出 5% 的利率下限（利率底），从而构造出一个利率套。基于这一安排，发起人在利率上升时支付的利率不超过 7%，但在利率跌至 5% 以下时，仍然支付 5% 的利率（Khu，2002）。

5.10.4　股权风险

股权风险可以通过再保险或套期保值交易来处理。对股票发行者来说，股价变动的风险不是直接的而是间接的。股票的市场价格大致是公司运行健康状况的晴雨表。如果公司运行良好或有运行良好的潜力，则该公司股票的市场价格就会升高，将会有越来越多的投资者想要拥有该公司的股票，公司从而有机会通过发行新股，或通过债务工具来筹集额外资金。股票投资者可使用金融工程技术来管理风险，股票发行者不允许买卖其自身发行的股票，因为他们拥有组织的内幕信息，这会诱使其卷入不正当的投机行为，而不了解这些内幕信息的股东将会遭受损失。然而有时候，公司在股价下跌时仍然急需资金，可向现有股东以低于市价的价格发放红股，借此来维持这些投资者在公司的利益并筹集资金。从长期来看，如果公司想让它的股票表现良好，那么公司就必须有好的表现（Cornell，1999）。

5.10.5　公司债券风险

可转换债券赋予了投资者在债券到期前将债券转换为一定数量股票的权利。把融资工具由债务转换成股权会改变公司的杠杆。如果公司经营得不好，它会倾向于低杠杆。不过，在理想的情况下，可转换债券的投资者更愿意持有债券而不是把它们转换成股票，因为那样会降低他们的投资份额（Merna 和 Dubey，1998）。

5.10.6　流动性风险

成功地管理流动性风险依赖与对项目现金流的成功管理。施工和投产的延迟、项目运营中的问题、投入和产出的问题都会导致不匹配的现金流入和流出，从而出现流动性风险。

由于超支而导致的流动性风险可以通过备用贷款来解决。尽管备用贷款比普通贷款成本高一些，但它为超支提供了一张安全网。

另一种管理流动性风险的方法是债务—股权互换（债转股）。如果流动性问题只是短期的，而且项目有很好的成功潜力，债权人就可能同意把债务转换为股权，这会给他们一个在将来分享公司利润的机会。债转股完全改变了公司负债的本质。对于股票，公司只需在宣布发放股利时才给投资者偿付。这有助于解决公司的流动性问题，同时还降低了杠杆水平。英法海峡隧道项目（Channel Tunnel）曾经考虑过债转股方式（Merna 和 Smith，1996）。

流动性管理要遵循八个关键原则：

1. 建立管理流动性的架构。
2. 衡量和监控净现金需求。

3. 管理市场准入。

4. 应变计划。

5. 外汇流动性管理。

6. 流动性风险管理的内部控制。

7. 公开披露对流动性的改进。

8. 监督。

5.10.7 对方风险

对方风险的控制是由项目所牵涉的双方共同来完成的，采取的措施是监控双方的信用风险，并仅在对另一方的合同义务履行完毕以后才解冻资金。

5.10.8 维护风险

由值得信赖的、财务实力强的经营者来运营项目可以降低项目的维护风险。其他规避维护风险的方法包括：与设备和原料供应商签订协定，办理公司业务中断保险和项目运营早期的亏损保险（Tinsley，2000）。

5.10.9 税收风险

税收是发起人无法控制的外部影响因素。税收征管体制极大地影响项目的商业可行性。政府可通过提供在减税期内减免公司税和固定税收结构的方式来吸引国外投资者（Merna 和 Njiru，1998）。

5.10.10 再投资风险

我们认为，在对项目或投资组合投资时，应仔细分析，以确保未来的投资会比再投资于原有的项目或投资组合产生更高的回报。投资于项目组合所产生的多余现金可用于交叉担保或投资于其他具有商业可行性的项目。

5.10.11 国家风险

与在不同国家投资相关的风险称作国家风险，对国家风险的管理只能在项目批准前对国家风险进行彻底地评估，这样可以识别和分析可能的风险。对可能引起风险的意外事件要提前准备和考虑。风险分析可以强调这样一个事实，即项目的风险如果太多，就不应被批准（Merna，2002；Ariani，2001）。

为了消除国家风险，在项目存续期间，政府在提供安全保障上承担主要责任是很重要的（Nagy，1979）。

5.11　风险建模

Alabastro 等人（1995）将风险建模定义为复杂现实的简化模型。建模是一种对系统进行精确描述的活动（Jong，1995）。人们为了理解系统才建立模型。

计算机是快速而有效的数据评估工具，但是使用者不应忽略软件包所基于的假设，这一点很重要。计算机模型的输出是由输入信息决定的，这就意味着准确的数据是很关键的。很多人认为计算机产生的结果都是正确的，这种想法当然不对。

应该是软件适应项目而不是建模者试图使项目适应模型，这一点很重要。软件工具应该和组织施行的项目种类以及组织管理项目的方式相匹配。选择项目建模使用的软件是非常重要的，需要仔细考虑。

很难找到与项目／投资组合的特征和项目管理者的需求相匹配的现成的风险管理程序。大多数现成的商用程序都被设计用来满足不同类型业务的需要。尽管这些程序都是用户友好型的，但还是缺乏建模所要求的灵活性。

用计算机模拟项目或投资组合有很多优点，下面是其中一些显著的优点（Smith，1999）：

• 灵活性。在接收信息、为大多数项目建模方面，计算机非常灵活。用于项目建模的程序可能是现成的软件包，也可能是针对用户的需求而特别制定的。

• 速度和准确性。模型相当复杂以至于不能使用手工分析技术时，计算机通常成为能提供建模的唯一方法。与人相比，计算机可以快速地执行很多复杂的运算，计算的准确性也很可靠。准确性与速度的结合对于大多数概率风险分析技术而言是必不可少的。

• 增加现实性。计算机模拟可以把诸如汇率、通货膨胀率以及利率之类的现实中的复杂因素包含在项目模型中，并且计算它们对项目的经济参数的影响。

• 辅助决策制定。项目模型可以模拟很多"如果……会怎样"之类的问题和可能的情形，显示对项目结果的影响。这一模拟过程显示了项目对特定事件或变化的预期反应，并可以生成相应情形出现时的应变方案。

• 情境分析。通常并不存在与项目组织者勾画出的项目/投资组合情境相似的项目或投资组合，也就不存在相似的、可用的历史数据，所以计算机模拟就成为观察项目对特定情境如何反应的唯一方式。

• 减少对草率判断的依赖。很少有人对于商业风险有可靠的直觉理解，风险建模消除了人们对于直觉的依赖。模型为项目和产出提供了一个框架，这个框架尽管是建立在主观的输入信息的基础上的，但也为制定决策提供了基础。

用计算机为项目或投资组合建模有很多限制。以下所列是其中一些比较明显的限制：

- 数据质量差导致模型不精确。项目模型的好坏取决于所输入的数据，如果数据不准确，模型就无法精确地反映项目。

- 模型难以代表真实的项目。即使数据是准确的，没有经验的模型设计者也很有可能设计出不能代表真实项目的模型。为了设计出有代表性的模型，模型的设计者必须对特定项目有着全面透彻的理解。

- 很难设计精确的模型。项目建模程序被设计为用户友好型的，这就增加了无经验的/初学的建模者的风险。

- 对主观判断的过分依赖。建模时并不总是有可用的数据，为了完成模型，不得不做出一些主观假设，所以由于对数据的需要，建模者会过多地依赖于主观假设和个人判断。模拟项目的变量或风险时更是如此。

- 不能全面地反映现实的复杂情况。所构建的模型只是现实的数学替代，因此没必要精确地反映实际项目或投资组合对现实的复杂情况的反应。不可能确保模型的反应会和真实项目一模一样，因为项目还不存在，一切都是建立在预期的基础上（除非要建模的项目与以前的项目一样）。

- 对计算机输出的依赖。人们过分依赖计算机输出而通常没有充分地检查模型或用以建模的程序。很难说项目模型是否精确地代表了真实情况。如果模型很不精确，它很容易就能被检测出来，但如果模型接近精确就比较难于检测。当模型接近精确但又不完全精确时，问题就出现了，因为模型对现实复杂情况的反应和实际项目的反应不完全一样（Ould，1995）。

5.12 风险软件的种类

很多用来进行定量概率分析的风险管理软件包通常使用基于蒙特卡罗或拉丁超立方系统的随机数发生器。网络包也使用马尔可夫逻辑法，从而可以模拟出项目活动在可识别风险上的相互依赖性。

下面是对几种风险软件的描述。

5.12.1 管理数据软件包

它们通常是以数据材料为基础的大型软件系统。本质上，它们是为处理数据而设计的，主要关注行政管理工作的自动化。它们可以有特定的应用或一般用途，这取决于使用者的要求。这些软件包价格不菲。如果有充足的数据库，可把数据库里的信息应用到这个系统中，那么使用软件包就很合适。然而目前，大多数公司还没有必要的数据库来在经济上和实践中应用这些程序。

5.12.2 基于电子数据表的风险评估软件

这组程序被用来评估有特殊分析性要求的模型的风险。这些程序一般是外接程序，即通常的宏程序，是特别设计用来与商业市场化的专有软件包相结合。它们给接收程序引入了风险评估分析功能。

5.12.3 基于项目网络的风险评估软件

这组程序同样也是用来评估模型的风险，这种模型是设计用来执行特定的风险分析要求。这些程序可能是外接的或独立的程序。外接程序通常是宏程序，专门设计用来组合商业软件以及给这种软件引入风险评估分析功能。

5.12.4 基于独立项目网络的风险评估软件

这种软件在风险模型的构建上，在输入的参数和变量上通常是独立的。这些程序也能够产生所要求的风险分析结果，还能形成综合性的报告，这些报告包含在项目中，或者在必要时输出到别的软件包中。

5.13 本章小结

为项目筹集资金是一个重要的问题。没有资金项目就无法进行。组织／发起人需要确定资金的来源。

本章简要介绍了公司融资和项目融资，也讨论了用来融资的各种金融工具。图 5.3 表明了这些金融工具在违约时对项目资产的索取权的优先次序。

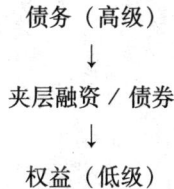

债务（高级）

↓

夹层融资／债券

↓

权益（低级）

图 5.3 金融工具的优先次序

债务是项目融资最常用的工具。举债会发生借款利息。在项目融资中，发行债券越来越普遍。债券融资成为世界范围内项目融资的一部分。股权被认为是一种风险资本，因为投资者比其他债权人承担了更大的风险。股权在项目资产的索取权上排最后一位。

债务股权比率可以测量项目的投资风险的大小。发行的股权越多，潜在的风险就越大。

风险管理包括识别风险，预测其可能性以及重要性，决定如何处理并实施这些决策。

和金融有关的主要风险包括建设风险、汇率风险、利率风险、股权风险、流动性风险、对方风险、维护风险以及税收风险。管理这些风险的方法有很多，比如，金融工程技术被证明是一种管理货币风险和利率风险的有效方法。

　　风险建模是风险分析的重要步骤，应该只使用反映投资的成本和时间的数据进行建模。风险管理软件的选择对于成功的风险评估是至关重要的。风险管理软件是现成可用的，已经开发出了大量的程序来评估风险，关键是为手头的项目找到合适的软件。

第 6 章　投资组合分析与现金流量

6.1　引言

本章简要地定义了投资组合分析以及概述了投资组合的构造、投资组合策略和捆绑项目的概念，接着考察了金融市场使用的一些模型，概述了现金流和现金流原理，给出了一个投资组合建模的例子，并讨论了其优势。

6.2　投资组合策略选择

Ghasemzadeh 和 Archer（2000）将投资组合选择定义为：在现有资源条件下或不超出其他约束条件下，选择符合组织既定目标的项目组合的周期性活动。我们认为，公司实体可以将它的战略业务单元（SBU）看成其业务组合的一部分，同样地，一个战略业务单元也可将其包含的项目看成是投资的一个组合。

投资目标和投资政策一旦确立，投资者就必须选择"投资组合策略"。投资组合策略可以分为积极型和消极型两种。

相对于简单多元化的投资组合，积极型的投资组合策略可以更好地利用现有的信息和预测技术以期取得更好的业绩。对不同类别资产的绩效的影响因素的预期，是所有积极型策略的关键。比如，权益预测包括收益、股利或市盈率（Fabozzi，2002）。

消极的投资组合策略含有最小的期望输入值，依靠多元化来满足某些指标。事实上，消极策略假设市场能够反映对证券价格形成的所有有用信息。

选择积极还是消极的投资策略取决于投资者对市场定价效率的看法和他们的风险承受能力。

6.3　投资组合的构建

有效的投资组合是指在给定的风险水平下，能提供最大的期望回报率，或给定期望回报率而风险最低的投资组合。

常见的消极投资策略是指数化项目，即令该投资组合的表现紧贴指数。特定项目的价值应该与它所参照的指数相匹配。

现金流建模也是一种常用的评价投资组合策略的方法。折现现金流模型的第一步是预测项目或证券在预计存续期间内的现金流，然后用适当的折现率对现金流折现，得到每笔现金流的现值，现值之和即为项目或证券的理论价值。将理论价值或加总的现值与市价或期望价值比较，从而得出证券是否被合理定价。就项目而言，在项目开始前和项目存续期间，可以利用净现值（NPV）或内含回报率（IRR）指标来分析项目或投资组合的财务可行性。

折现现金流可用来计算期望价值而不是理论价值。其做法是获取市场价格，预测未来现金流量。期望回报率就是使期望现金流的现值之和等于市场价格时的利率。期望回报率更常用的名称是内含回报率（IRR）。为计算 IRR，要反复试用不同的利率，直到找出能使期望现金流的现值等于市场价格的利率为止。

很多组织在评估其每个业务单元的战略业绩和有选择性地分配资源时都会遇到困难。De Wit 和 Meyer（1994）认为，分散化的行业需要像投资组合规划这样的正式工具。

以下是从 Meta 集团的研究报告（2002）中摘录的数据，这些数据揭示了只有很小比例的组织对投资组合有效地进行了风险管理：

- 有 89% 的组织盲目地运营，除了财务外实质上没有什么衡量标准；
- 有 84% 的组织不会为其任何项目设计业务案例或者运用"精选"原则（重要项目）；
- 有 84% 的组织未能做到每年根据业务需求至少两次调整预算。

6.4　现金流的组合

一般项目和特殊建设项目的现金流通常能持续 5 至 25 年，这称为生命周期。

用现代投资组合技术不能确定风险和重视风险。长期项目及相应证券的未来成本和收入的预测是以当前的经济环境和需求为基础的。项目的时间、成本数据和未来现金流可通过建模来模拟。当前的风险管理软件包能够用概率或区间来定义和管理风险。这种软件得到了广泛应用，然而，软件的选择取决于用以评估项目商业可行性的经济资源的投入和产出。Cooper 等人（1998）认为，金融分析在投资组合方面还有很大的发展空间。

对项目组合估价，尤其是通过项目的现金流来估价，我们建议使用能在最差、基准、最好三种情形下进行评估的软件包，这种软件包对于项目组合现金流（即若干单个项目的现金流的组合）的评估是十分重要的。

软件可以生成最差、基准、最好三种情形下的项目现金流。对每个项目分配风险，然后运用电子数据表累加各个项目的现金流，得出的总现金流即为该投资组合的现金流。分析师可以向项目组合中加入任意数量的项目。输出的结果包括最差、基准和最好三种风险情境对应的总现金流，并可生成内含回报率（IRR）、净现值（NPV）、现金锁定点（CLU）和回收期（PB）这样的经济参数。输出的结果可以灵活地将微观和宏观经济环境的各种变化都考虑进来。本章后面将举例说明。

6.5 波士顿矩阵

波士顿矩阵是用于规划投资组合的一种管理工具。它有两个主要方面：市场占有率（与竞争相关）和市场成长率。把投资组合中的每个项目放在这个矩阵里，来确定相对市场份额。矩阵在很多方面显得过于简单化，导致一些理解上的问题，但是我们认为由 Johnson 和 Scholes（1999）所描述的下列均衡组合可在投资组合中评估：

- 现金明星代表成本随时间递减的项目；
- 问号（或问题儿童）代表成本不太可能减少的项目；
- 现金奶牛表示提供现金的项目；
- 现金瘦狗表示那些耗费公司资金和其他资源的项目。

很多情况下，私营部门更愿意投资于那些能够带来稳定持续收入的项目。不过，持有高收益、低风险的基础设施板块股票的投资者似乎愿意购买看上去不大吸引人的股票，这样的股票有可能带来长期收益（Merna 和 Smith，1999）。

6.6 情境分析

情境分析派生于敏感性分析，它把对不同情境的选择视为期权。进行情境分析时，要识别和设定所有的关键变量及其数值（Flanagan 和 Norman，1993）。我们认为，金融工程师会对项目组合中不同的金融工具进行评估。如果选择债务作为融资工具，那么将基于最有可能、乐观和悲观三种情境相应地预测其利率，这些结果就代表所有可能的利率变动范围。单个项目中的这些变动可以依据项目组合的变动来评估。

6.7 分散化

Pollio（1999）说明了分散化可以降低贷款组合的风险，稳定贷款方的利息收入。分散化是投资组合风险管理的关键，它能在不影响回报的情况下显著地降低投资组合的风险。

我们认为上述两种对分散化的论述都是恰当的。

基于当前的财务状况和未来需求，组织很可能将资金用于一系列投资，这些投资形成投资组合。一些资金投资于风险低、利率固定、容易清算的储蓄存款账户或证券，其余资金则会根据需求投资于高收益的资产增长证券。证券的回报越高对资金就越有吸引力。但如果证券的风险高，则所有的投资都有可能遭受损失。因此，投资于多种证券并不一定能降低风险。

相关性使得投资者可将单项资产的回报集合成投资组合的回报。这个过程要确定投资组合中各项资产的风险是如何相互关联的。如果两种风险表现相似（由同样的原因引起变化或变化量相同），就认为它们是高度相关的。投资组合中已识别风险的相关性越强，该组合的风险就越大。相关性对风险分散而言是一个关键概念，相关系数的变化范围在 –1 和 1 之间，比如，相关系数为 1 的投资组合表示组合中资产回报率的变动方向完全相同，反之，相关系数为 –1 的投资组合表示变动方向完全相反。理想情况下，公司应该选择相关程度不同的项目来构造投资组合。

如果几个投资项目都处在相关的行业中，并且它们的现金流随着总体经济变动而变动的方式大致相同，那么就称这些投资正相关。图 6.1 表明，A 项目的现金流与 B 项目的现金流的波动相似，显然，由 A 和 B 这样的投资所构成的投资组合不能降低风险。

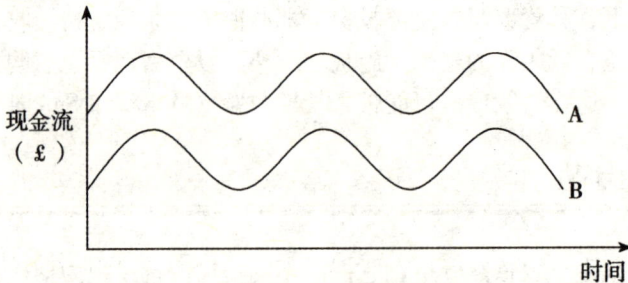

图 6.1　正相关的现金流

两项投资的现金流在相同的经济环境下若表现出完全相反的变动，就称其为负相关。由这样的投资构成的组合能够降低风险。图 6.2 说明了对项目 A 和 D 投入相同的资金，上升的现金流和下降的现金流相互抵消，结果形成了平滑的现金流曲线 C。

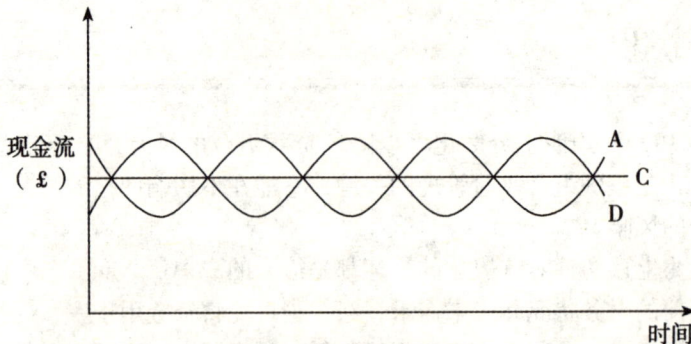

图 6.2　负相关的现金流

大多数证券和项目之间具有正的相关性，尽管它们很少完全正相关。因此，将那些差异比较明显的项目组合在一起就更能分散风险从而获益。

风险分散

项目经理需要考虑投资组合在不同阶段的成熟程度，影响因素包括：项目的规模、地理位置、组合中各个项目所处的不同阶段、对每个项目的运营进程记录以及投资者和对方的经验和信誉（Silk 等人，2002）。

显然，投资组合中项目风险的分散化能够让发起人更经济地筹集资金。高收人的项目可以抵消和分散那些无稳定现金流的项目的风险。在处理项目的个别风险方面，贷款方要求有较高的利率来保证其投资的回报。某些情况下，要求更高的偿债比率（DSCRs）和发起人的大力支持，尤其是建设风险已经确定时。

图 6.3 说明了投资组合怎样通过交叉担保来支持某个或组合中的多个具有负面影响的项目。本章后面将进一步讨论交叉担保。

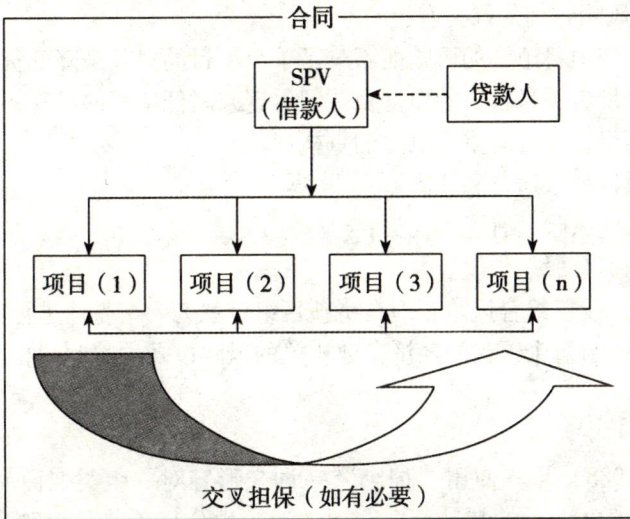

图 6.3　投资组合中项目之间的相互依赖性

但是，绑定投资组合的合同应该包括允许项目保持一定独立性的条款，即便在极端情况下，外部因素也不至于影响整个投资组合。

6.8　投资组合风险管理

对投资组合进行风险管理有两个原因：

1. 一般的公司管理无法分散项目的固有风险。
2. 所有项目都是独特的，因此风险和不确定性是项目的重要部分。这些风险是否被带入组合中是另外一回事。

就项目组合的风险管理而言，要在战略业务层级对项目进行分析和制定策略选择。比如，一家在国际市场经营的公司，就要考虑到不同国家和地区的特定风险。国家风险可能不仅影响到单个的项目，还可能间接地影响整个项目组合（Ariani，2001）。本书第4章讨论了国家风险。

独特的地理位置、客户、产品种类、业务路线和其他重要的方面（如公司在不同项目组合区域当地的信誉度）都可作为项目组合的风险所要考虑的条件。

投资组合风险管理的过程非常类似于项目风险管理，包括以下几个步骤：

- 风险识别；
- 风险分类；
- 风险分析；
- 风险应对。

投资组合风险管理的好处有：

- 通过管理项目组合的风险而不只是单个项目的风险来降低资本成本；
- 通过开发各项目自身的惯性及范围界定来降低项目的风险；
- 提高高层管理者对重大风险的重视；
- 避免项目超限运营和超支；
- 识别哪些风险具有竞争优势；
- 保护和提升股东价值。

我们认为，投资组合风险管理在将项目组合视为一个整体进行评估时，应该首先考虑组合中与每个项目的经济参数相关的风险以及项目间的相互依赖性。

6.8.1 捆绑式项目

Dybvig（1988）率先使用"捆绑"一词来形容对一组类似商品（比如从不同发电站购买的电力）的特殊消费。捆绑消费的分配价格是由购买价格加上利润加成，然后形成市场可接受的平均售价来决定的。现在，"捆绑"一词被广泛运用于商界尤其是有"项目融资启动"（PFI）的项目中。

所谓捆绑项目是指，以某种方式将一些项目或某个项目中的一些服务进行分组，构造成一个项目整体来融资。Porter（1987）认为，应该将相互依赖和具有相似特征的项目汇集成捆绑式项目，而不应将它们分散成相互独立的个体。这样做的好处主要是，捆绑项目能够增加整体的债务融资水平，从而使得组合内的小项目也能得到融资，并且各个项目之间能够相互担保。争论的焦点在于，单个项目产生的现金流通常表现稳健（人们通常偏好单一的现金流），同时如果出现项目部分或完全终止等情况，各方的负债，尤其是公共部门合伙方的负债应该得到充分地考虑（Frank 和 Merna，2003）。

捆绑项目要考虑很多种可能，要考虑项目的建设、整修以及运营的捆绑式管理，这些通常被称为批次（Public Private Partnership—Initiative NRW，2003）。然而，捆绑也可包含已有的汇集项目，然后更有效地利用财务资源对其进行再融资或重新组合，比如，提供比当前债务更低的利率，延长原先债务的偿还期（Foster，2002）。

2004 年 9 月，爱尔兰的 Depfa 银行捆绑来自 25 个项目融资方案合计 39 400 万英镑的贷款，创设为一个特殊的金融实体。其中 35 800 万英镑是由信贷违约互换（一种为信贷风险提供保险的金融衍生工具）提供的，还有 3 175 万英镑是通过发行浮动利率票据筹集的。浮动利率票据发行分为六个等级，由信贷评级机构标准普尔公司（S&P）初步分类为从 AAA 级到 BB 级（*Financial Times*，2004）。

私营部门更愿意投资于那些比临界值大的项目方案，这类投资方案能带来更广阔的创新空间，并且在财务、资本、生命周期和营运成本等方面可提供更经济划算的解决方案。项目的数量越多，每个项目的投标成本就越小（McDowall，2001；Lamb 和 Merna，2004a）。

项目也可考虑再融资，尤其是对于那些已建成、特定风险已消除的项目，可以协商更优惠的融资利率。捆绑式项目的再融资可以筹集更多的债务资金。也可考虑其他融资方法。项目开始运转时，建设方可通过再融资来实现其退出策略（PFI Fact Sheet，2003）。

项目捆绑有很多优势，但若管理不当，放大效应将导致成本比预期的高很多（Munro，2001）。Paddington 医院项目是英国政府最大的私募融资计划（PFI），它捆绑了三个医院项目，预计成本达 3.6 亿英镑，但是由于重新设计、通货膨胀和管理不善等因素，导致实际成本超过了 10 亿英镑（Leftly，2003）。

资本市场中的资金更倾向于投向较大的项目，小项目则不适合选择从资本市场融资。对于融资 1 000 万英镑左右的小项目，融资的交易成本相对而言太高，这会严重影响项目的回报率和货币价值（VFM）（McDowall，2001；Spackman，2002）。

捆绑式项目在投入运营后能提供充足的现金流量，以实现合理的回报和保障债务费用的偿付。对于发起方，捆绑式项目还可在不同地区和不同项目间分散风险。单个的小项目可能不经济，但若捆绑起来则可能变得经济可行（Frank 和 Merna，2003）。我们认为，项目的捆绑有助于通过资金的交叉担保来促成公益性的非营利项目的实行。

公共部门捆绑项目的好处包括：

- 单一的建设合同；
- 简化监督与控制；

- 简化支付。

Frank 和 Merna（2003）、Lamb 和 Merna（2004a）认为，捆绑式项目管理的好处有：

- 资源的有效利用，一个项目团队对应一组咨询顾问；
- 简化报告／指挥链；
- 增加货币价值（VFM）；
- 规模经济；
- 可重复性；
- 通过创新型融资实现成本的节约，比如发行较大数额的债券进行融资；
- 分散购置成本和交易成本。

项目的捆绑将经营活动、融资活动和战略活动紧密地整合起来。政府正在考虑采用它作为批准较小的私募融资计划（PFI）项目的一种选择。但这项任务可能会很艰巨。公私合伙公司（PPPs）经常包括私有部门的合伙者，PPPs 可提供一整套服务，如项目的设计、建设、运营和维护以及软、硬件的服务。传统的合同外包中，不同的项目或服务有其独立的合同，而捆绑有所不同。项目的捆绑能带来单独的合同所达不到的货币价值。在单独的项目财务管理一揽子计划内，对资产寿命期内的设计、运营和维护进行整合，可提高绩效和削减成本（McDowall，2001）。

在对一组项目进行捆绑时，应考虑资金的机会成本，即"资金用于其他用途所能提供的最高价格或回报率"。

6.8.2　注意事项

将项目捆绑在一起来融资时，要考虑以下问题（Frank 和 Merna，2003）：

- 不同的项目启动时间。如果项目的启动时间不统一，公司只有在需要资金时才借款。项目的建筑许可证在某地遭到耽搁时，可能会出现这样的情况。
- 部分完工。如果项目的某个部分先于其他部分完工，公司就希望马上启用它。
- 部分终止。项目在某个地区可能进展不顺，但这并不意味着整个项目都不具有可行性，其他可行的部分将继续经营。公司要确保出资方达成一致，整个项目的财务可行性不受影响。
- 变动。捆绑式项目更有可能发生变化，需要筹借额外的资金来应对。

上述复杂因素都要在项目和财务文档中加以考虑和说明。

6.8.3　将项目捆绑成投资组合

图6.4 说明了一个项目或捆绑的项目从设立的原则理念直到项目融资的

流程。

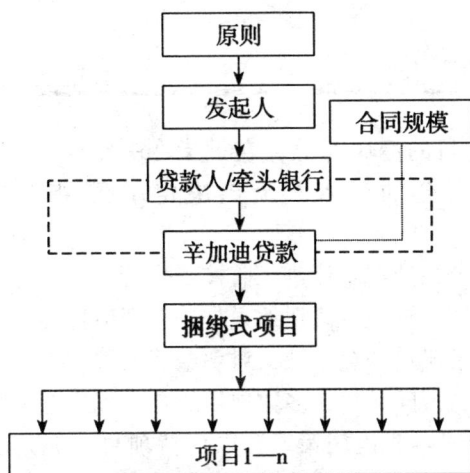

图6.4 贷款的梯级流程

捆绑式项目可由一个"牵头银行"提供资金。不过，也可以根据捆绑式项目的风险和规模，由多家银行联合出资，以降低牵头银行的风险（Frank 和 Merna，2003）。

项目 1—n 必须在银行的容许期内产生现金流出和收入流。根据项目的规模大小和当时的经济环境而采用不同的金融工具（Frank 和 Merna，2003；Merna 和 Young，2005）。

6.9 交叉担保

大多数项目都是建立在独立的基础上的，尽管通过公司融资的项目在遇到短期偿债问题时经常得到公司实体的财务援助，但项目在商业上的成功经营还是要依赖于项目资产所产生的收益。相互独立项目之间的盈亏不能相互抵消，项目被捆绑成投资组合时，项目间就存在交叉担保，当在银行的容许期（还款期）内的各个项目的现金流组合起来时，或在组合成累积现金流之前的特定时期内，用某个项目的收入为另一个项目担保时，即产生交叉担保。

交叉担保的典型定义是，一笔贷款的抵押物同时也是其他贷款的抵押物。以买房为例，个人已经拥有一套房子还想再买一套时，就产生交叉担保。

本书定义交叉担保为：

用投资组合中某一能产生充足现金流的项目所产生的资金，为同一组合内另一个可能遭遇现金流困境导致债务偿付违约的项目提供资金。

交叉担保是一个相对新的术语。它主要是用一个项目的收入为另一个可能遭遇现金短缺从而不能偿付本金和利息的项目提供担保。这种现金短缺的情况可能由于项目在寿命期内易受到各种风险的影响而产生。

6.10　现金流

现金流可衡量项目的健康状况，它是指在一定时期内，收到的现金减去支付的现金。正是现金的流入和流出决定了公司的偿付能力（Turner，1994）。

现金流管理是对公司的现金流进行监控、分析和调整的过程。现金流管理最重要的任务是要避免现金短缺，确切地说是要保证项目寿命周期内任何时候的流动性或偿债能力。为了避免现金短缺，对现金流的管理要常规化。对现金流进行预测可以有效预防现金流问题。大多数项目的会计程序的某些内在特性使得预测更加便捷。现金流管理需要运用策略，以保持项目有充足的现金流（Hwee 和 Tiong，2001）。

现金流由业务周期性的现金流出和流入产生，现金流管理的目的是保持项目有充足的现金，并为现金流分析提供基础。这涉及检查业务构成中影响现金流的因素，比如，应收和应付账款（对方风险），信用条件和财务支付能力。通过基于这些独立影响因素的现金流分析，可实现现金流管理。Smith（2002）认为，风险投资的成败大都取决于项目批准前的评估阶段所做的努力。我们赞同这种看法，并认为现金流及相关风险在评估阶段至关重要。

本书将现金流描述为项目的一个财务模型。即使最简单的累积现金流量指标也能为管理者提供重要信息，即在单位时间内的现金流入和流出账户。净现金流量为现金流入和流出的差额。其累积形式为净累积现金流量（Ye 和 Tiong，2000）。累积现金流曲线描绘了上述货币的流动状况。累积净现金流曲线将项目的现金流出描述为负函数，现金流入为正函数。这揭示了项目现金流的本质：流出对现金状况产生负面影响，流入对现金状况产生正面影响。

图 6.5 描绘了折现和非折现两种情况下典型的累计现金流曲线（现金流入和流出）。曲线上同时给出了下列经济参数：

- 净现值（NPV）；
- 内含回报率（IRR）；
- 回收期（PB）；
- 最大现金锁定点（CLU）；
- 折现净回报；
- 折现回收期；
- 折现现金锁定点。

Esty（2004）将基本累积现金流定义为：依据各个变量的期望值而预计的现金流，即假定在项目周期内不受任何风险影响情况下的现金流。

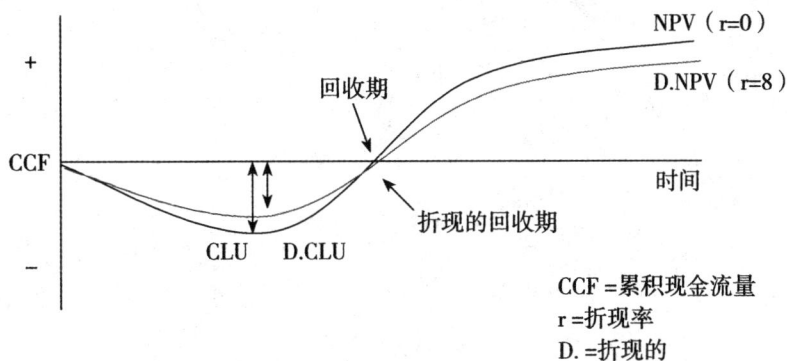

图6.5　折现和非折现的累积现金流曲线（现金流入和流出）

6.10.1　投资组合现金流的定义

本书将现金流定义为源于客户的外部现金流或证券交易引起的资金流动（增资或撤资）。在暂时将投资组合从总体中（复合体）移除时，不可在投资组合中的不同类别资产之间进行转换或由管理者主导资产的流动。现金流可以为一笔现金流，也可以是一定时期内多笔现金流的集合。在一段时期内有多个现金流的情形下，组织应该参照复合体定义指南里的判断指引，考虑投资组合是否应该被归为非斟酌的一类。

图6.6表明了合并基础累积现金流的效果。图6.6（c）表示图6.6（a）和6.6（b）所代表的项目1和项目2的现金流合并后的累积现金流。现在可通过计算新的经济参数来衡量合并后的累积现金流，即由这两个项目组成的投资组合的现金流。

许多组织使用这种合并基础现金流的方法来评估项目组合现金流的经济参数。但这种方法没有考虑各个项目的风险，仅为决策提供一个基本的近似估计。

当前有很多组织运用红线法来评估投资组合的商业可行性。通常做法是，为投资组合设定一个风险边界，然后计算投资组合在最差情形下的现金流，比如，设定10%的负面风险，用基础累积现金流下方的红线标示。

图6.7描绘了一个投资组合的基础累积现金流曲线及其下方的红线。两条曲线之间的区域能够满足可接受的最低回报率。假如基准累计现金流曲线位于红线的下方，就要重新评估投资组合中的项目。

对投资经理来说，处理投资组合中大量的外部现金流是常见的挑战。大量的现金流或证券流，会对投资战略的实施产生重要影响，继而影响整个投资组合的绩效。

6.10.2　选择现金流曲线的原因

项目或项目组合是商业性质的风险活动。项目的所有重要的利益相关方，如创办者、承包商和出资方，他们投资的目的都是为了获得回报。通常最重要的财

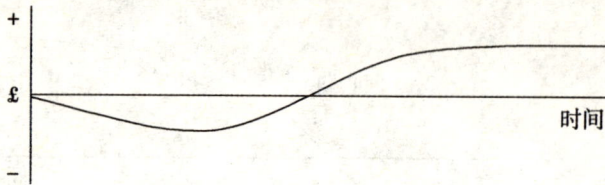

（a）项目 1 的现金流

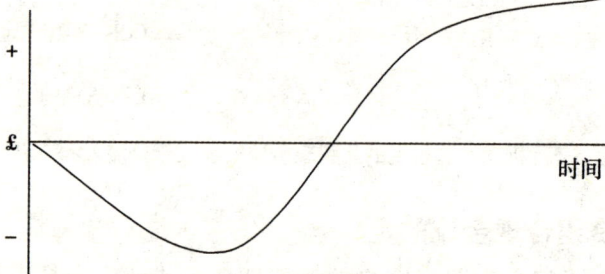

（b）项目 2 的现金流

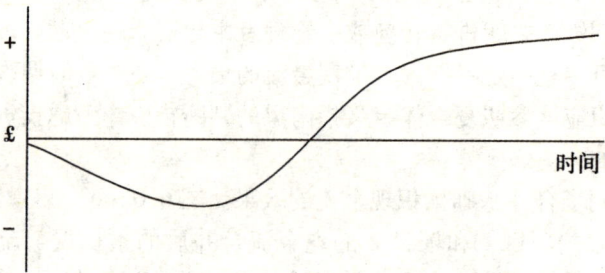

（c）合并项目 1 和项目 2 后的累积现金流

图6.6　项目的现金流

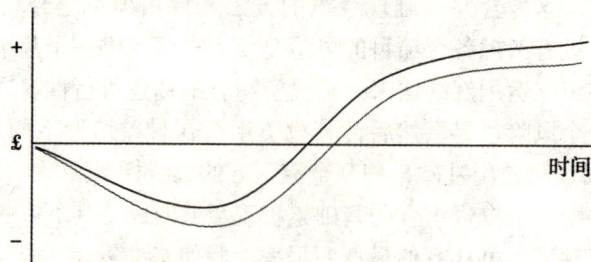

图6.7　红线（下方的曲线）与累积现金流曲线的对比

务目标是项目的获利能力和流动性。Smith（1975）认为，获利能力意味着投入公司的资金和资产能获得足够的回报，而流动性意味着有充足的现金流量来满足组织的支付需求和确保持续经营。公司的财务管理依现金流管理而定。生意的成败取决于项目是否能产生适宜的现金流，而不是依赖于最终获得的利润。盈利能力取决于现金的流动性。成功的项目管理，不仅要遵循规程、预算和计划这三方面的约束，还要管理好项目的流动性（现金流）。现金流曲线对项目条件的变化高度敏感，因此可作为一个预警系统，一旦出现问题，有助于采取适当的纠正措施。比如，项目设计的变更导致增加或减少项目的成本，项目延期导致成本超支，影响资本成本的利率的波动，以及投入和产出成本的波动都能在现金流曲线上轻易地反映出来。

6.10.3 产生多个 IRR 的项目

有的项目可产生两个不同的折现率使得项目的净现值为零（Brealey 和 Myers，2000）。如果某投资项目的汇总现金流交替出现流入和流出，则该项目就有多个内含回报率。项目的现金流可用（－，＋，－）或者（＋，－，＋）这样的符号来表示，符号与现金流的发生顺序一致，正、负号表示现金流的方向。现金流有几次正负方向的转换，那么就有几个 IRR（Werner 和 Stoner，2002）。通过项目融资启动的项目，如果现有收入伴随着现金流出，然后再产生收入，那么它可成为租让制合同的一部分（Merna 和 Smith，1996）。图 6.8 给出了这种项目的累积现金流曲线。

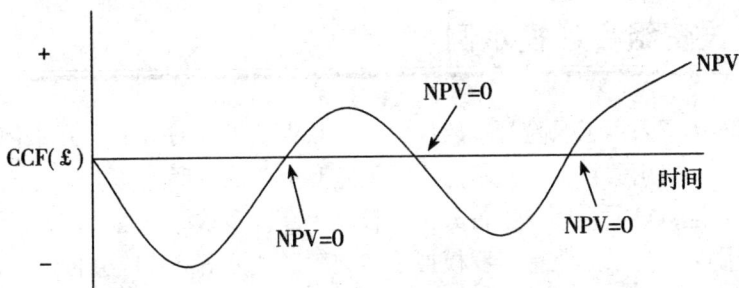

图 6.8 产生多重 IRR 的累积现金流

一般认为有两个正的 IRR 和一个正的 NPV 的项目具备商业可行性。

6.10.4 现金流模型

本书建议通过以下五个步骤来建立现金流曲线模型：

1. 对项目或合同整个生命周期的成本和收入进行简单地加总，得到基准现金流。
2. 将做出承诺和支付（或收取）货币之间的时间差考虑进来，对基准现金流加以改善。
3. 计算投资产生的成本和收益。
4. 考虑风险和不确定性。
5. 如果有必要，考察通货膨胀的影响。

现金流曲线模型描述了在预测的项目寿命期内现金流入和流出的模式，现金可按名义购买力或实际购买力计量。然而，因为使用了一定的假设和估计，期望基于这个现金流模型的财务预测高度准确是不现实的。为解决这个问题，通常会将现金流的可能变化范围（由于风险和不确定性而对现金流产生的有利和不利的结果）嵌于模型中。这为现金流模型提供了一个缓冲带。

累积现金流可表示项目或投资组合在最差、基准和最好情形下的累积现金流。图 6.9 描绘了最好和最差情形下的累积现金流区间。项目或投资组合假定的风险或不确定性越小，最好和最差情形下的两条累积现金流曲线就越接近。财务稳健的项目在这个风险区域内的任何经济状况下，都能支付本金、利息、股利和票息。

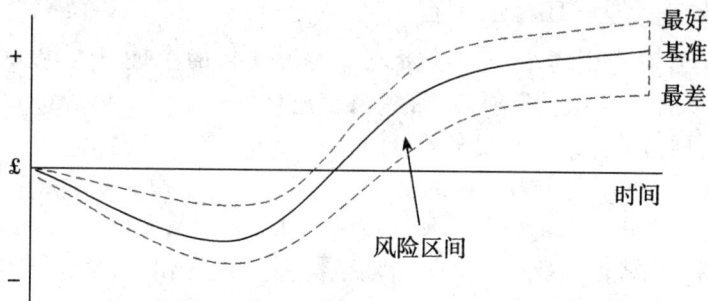

图 6.9　项目或投资组合的风险区间

6.11　投资组合建模示例

以下的例子采用了风险管理软件包，该软件基于本书第 4 章所讨论的技术来识别风险，并采用蒙特卡罗模拟法产生最好和最差的情形。

相对来说，对项目逐一进行分析比较简单。许多软件包通过计算经济参数进行财务评估，并且采用蒙特卡罗模拟法实施敏感性分析和风险分析。可以把捆绑的项目看做一个项目投资组合来进行财务分析。每一个项目都有不同的成本和收入含义，受不同风险的影响。单独考虑各个项目时，有的项目存在商业价值，而有的项目不具有商业可行性。但是，当把所有项目捆绑在一起形成一个投资组合时，则可能会满足发起方的最低可接受回报率（MARR）要求从而具备商业可行性。那些单独来看原本不具备可行性的项目，被捆绑后则可通过投资组合内其他项目的交叉担保来融资而使它们具备可行性。

传统上，可依据各个项目回报率的相关性或逐一评估项目的方法来评估项目投资组合是否具备商业可行性，各项目回报率间的相关性在计算投资组合的标准差时可以得到（Cuthbertson 和 Nitzsche，2001）。本书提出了一种财务风险机制，它将现有的风险管理程序和电子数据表结合起来，为项目投资组合提供不同风险下的经济参数。输出的结果分别给出了在基准、最差和最好情形下项目组合的经济参数，这些经济参数是基于项目组合整体的累积现金流计算得出的。

6.11.1　金融工具

如第 5 章所述，单个项目通常是由各种金融工具来融资的，比如举债、夹层融资（债券）和权益性融资。模型化的项目组合将根据单个项目的融资来确定投资组合的经济参数。可通过用债务融资代替权益融资的方法，来重新评估单个项目的融资，以确定其对项目投资组合的影响。调整后的投资组合的经济参数可反映出单个项目融资的变化。例如，某一项目的风险很大，需要权益融资，但当该项目作为项目投资组合的一部分时，则可利用交叉担保为该项目提供债务资本，而非资本成本更高的权益融资。显然，一旦确定了投资组合的经济参数和相关风险，就可重新评估单个项目融资所使用的金融工具。

6.11.2　财务风险机制的发展

财务风险机制依赖于以下指标：

- CLU；
- NPV；
- IRR；
- PB。

从项目 P_1 到 P_n，每个项目都是作为独立项目来评估的。这些通常是基于项目作业（与时间和成本有关）的网络。先不考虑风险，使用软件评估基准情形下的经济参数。然后再考虑网络中项目作业的风险范围，得出每项作业对风险的敏感性，计算其概率分布。每个项目都用相似的方法评估（Merna 和 Khu，2003）。

将最好、基准、最差情形下得出的结果结合起来，就可确定项目投资组合的全部经济参数。然后可以用这些经济参数来评定投资组合而非单个项目的可行性。

6.11.3　电子数据表

电子数据表是对累积现金流曲线的近似。模拟风险输出的数据构成了模型的基础。穿过这四个点——起始点、CLU（现金锁定）、PB（回收期）以及 NPV（净现值），插入直线，每个项目都用图 6.10 所示的三种活动来表示。随机产生最差、基准、最好情形下的累积现金流。

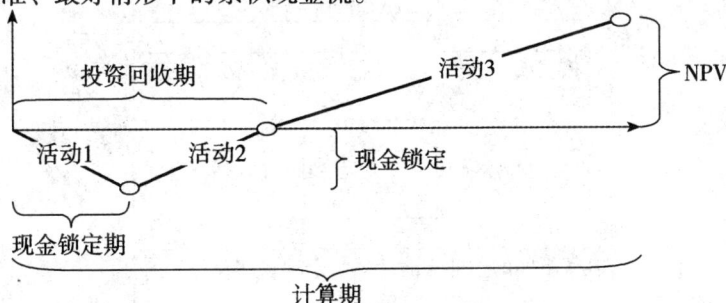

图 6.10　基准累积现金流的直线内插

项目投资组合的输出结果可用电子数据表显示，并可计算最差、基准、最好情形下的经济参数。输出的结果表示投资组合（而非单个项目）的可行性。最好和最差情形下现金流曲线之间的区域，表明了与基准现金流相比投资组合的风险性。

可通过更改项目的启动日期来建立不同的情形，或者通过对单个项目重新规划和增减项目来评估项目间的相互依赖性，以确定单个项目对投资组合的影响。

电子数据表的复杂程度由风险管理从业者的经验决定。

图 6.11 总结了捆绑组合风险评估机制的步骤。

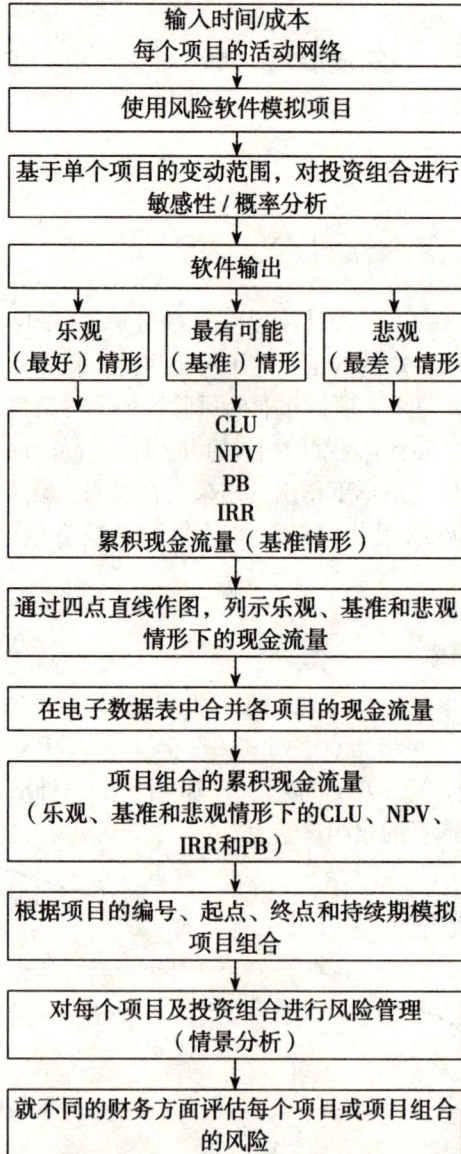

```
┌─────────────────────────────────┐
│        输入时间/成本              │
│      每个项目的活动网络           │
└─────────────────────────────────┘
┌─────────────────────────────────┐
│     使用风险软件模拟项目          │
└─────────────────────────────────┘
┌─────────────────────────────────┐
│ 基于单个项目的变动范围，对投资组合进行 │
│        敏感性 / 概率分析          │
└─────────────────────────────────┘
┌─────────────────────────────────┐
│          软件输出                │
└─────────────────────────────────┘
┌────────┐  ┌────────┐  ┌────────┐
│  乐观  │  │ 最有可能 │  │  悲观  │
│（最好）情形│ │（基准）情形│ │（最差）情形│
└────────┘  └────────┘  └────────┘
┌─────────────────────────────────┐
│            CLU                   │
│            NPV                   │
│             PB                   │
│            IRR                   │
│      累积现金流量（基准情形）       │
└─────────────────────────────────┘
┌─────────────────────────────────┐
│ 通过四点直线作图，列示乐观、基准和悲观 │
│        情形下的现金流量           │
└─────────────────────────────────┘
┌─────────────────────────────────┐
│   在电子数据表中合并各项目的现金流量  │
└─────────────────────────────────┘
┌─────────────────────────────────┐
│       项目组合的累积现金流量        │
│（乐观、基准和悲观情形下的CLU、NPV、   │
│        IRR和PB）                 │
└─────────────────────────────────┘
┌─────────────────────────────────┐
│ 根据项目的编号、起点、终点和持续期模拟 │
│          项目组合                │
└─────────────────────────────────┘
┌─────────────────────────────────┐
│  对每个项目及投资组合进行风险管理    │
│        （情景分析）               │
└─────────────────────────────────┘
┌─────────────────────────────────┐
│ 就不同的财务方面评估每个项目或项目组合 │
│          的风险                  │
└─────────────────────────────────┘
```

图 6.11 投资组合的评估机制

6.11.4 石油天然气项目投资组合示例

这个例子包括 7 个新建项目和对 8 个现有设备的更新改造和运营。通过项目融资来完成这些项目。新建项目的成本估计是 956 484 900 英镑，更新改造现有设备的成本估计是 290 000 000 英镑。

表 6.1 给出了这 15 个项目的建设成本、融资结构和成本、运营成本和收入以及它们的加总数额（单位：10 英镑）。

表 6.1　　　　　　　项目的成本和收入（单个项目及加总）

项目编号	建设成本（英镑）	资金来源		融资成本		营运成本（英镑）	收入（英镑）
		债务（英镑）	股权（英镑）	利息（英镑）	股利（英镑）		
1	5 999 998	5 399 989	599 999	1 618 553	179 839	5 770 800	20 791 296
2	18 770 052	16 893 047	1 877 005	3 995 395	443 933	59 649 876	122 349 948
3	6 878 450	6 190 605	687 845	8 247 186	916 354	1 379 800	41 088 360
4	14 000 000	12 600 000	1 400 000	5 040 000	2 760 000	32 200 000	161 000 000
5	10 000 000	9 000 000	1 000 000	3 240 000	2 300 000	27 600 000	138 000 000
6	18 000 000	16 200 000	1 800 000	7 360 000	3 740 000	37 400 000	198 000 000
7	22 000 000	19 800 000	2 200 000	8 640 000	4 400 000	44 000 000	220 000 000
8	4 000 000	3 200 000	800 000	1 200 000	1 440 000	18 000 000	36 000 000
9	7 000 000	7 000 000	0	2 500 000	0	7 700 000	18 600 000
10	6 000 000	4 800 000	1 200 000	1 740 000	1 200 000	6 000 000	18 000 000
11	4 000 000	4 000 000	0	360 000	0	4 900 000	10 900 000
12	1 000 000	800 000	200 000	240 000	380 000	1 900 000	3 800 000
13	1 000 000	800 000	200 000	240 000	200 000	800 000	3 000 000
14	3 000 000	2 400 000	600 000	1 050 000	720 000	360 000	9 600 000
15	3 000 000	3 000 000	0	2 000 000	0	4 500 000	10 500 000
新项目	95 648 490	86 083 641	9 564 849	38 141 134	14 740 126	208 000 476	901 229 604
更新改造项目	29 000 000	26 000 000	3 000 000	9 330 000	3 940 000	44 160 000	110 440 000
合计	124 648 490	112 083 641	12 564 849	47 471 134	18 680 126	252 160 476	1 011 629 604

采用蒙特卡罗模拟程序为这 15 个项目分别建立模型，测定它们的经济参数和与其关联的上游、下游风险。然后用本书介绍的捆绑组合评估机制来评估经济参数。

项目预测要充分利用给定时间内最可靠的信息，在经济评估的准备工作中很重要。经常要随着信息和条件的改变而不时地改变预测。可通过模拟这些变化来设定乐观和悲观的情形。

我们将上述 15 个项目分成两组，7 个新项目为一组，8 个更新改造项目为一组。表 6.2 给出了新建项目组的经济参数。表 6.3 给出了更新改造项目组的数据。

表 6.2　　新建项目组在最差、基准、最好情形下的经济参数

经济参数		
	最差	基准	最好
NPV（美元）	3 910 471 970	5 447 793 760	6 149 026 810
CLU（美元）	−724 881 590	−712 709 240	−705 301 990
IRR	20.65%	24.54%	26.10%
回收期（年）	7.07	6.55	6.43
久期（年）	29.00	29.00	29.00
出现最大 CLU 的次数	3.00	3.00	3.00

表 6.3　　更新改造项目组在最差、基准、最好情形下的经济参数

经济参数		
	最差	基准	最好
NPV（美元）	127 720 000	240 400 000	380 200 000
CLU（美元）	−246 008 960	−245 350 680	−244 975 450
IRR	5.82%	8.82%	11.73%
回收期（年）	10.10	9.46	8.88
久期（年）	20.00	20.00	20.00
出现最大 CLU 的次数	3.00	3.00	3.00

如表 6.2 所示，新建项目组的最差和最好情形下的 IRR 分别是 20.65% 和 26.10%，此组项目具有商业可行性。

表 6.3 给出了更新改造项目组在最差和最好情形下的 IRR，分别是 5.82% 和 11.73%，都低于项目发起方要求的 15% 的最低可接受回报率（MARR），所以不具有商业可行性。

然而，将这 15 个项目组合在一起，如表 6.4 所示，将新建项目组和更新改造项目组捆绑起来，取长补短，却可得到一个具有商业可行性的投资组合。

从表 6.4 中可以看出，通过将这两组项目组合成一个投资组合，最差情形下的 IRR 是 18.07%，最好情形下的 IRR 是 23.28%。显然，投资组合的回报率高

于最低可接受回报率，具有可行性。

表6.4　　　　15个项目组合整体在最差、基准、最好情形下的经济参数

	经济参数		
	最差	基准	最好
NPV（美元）	4 038 191 970	5 688 193 760	6 529 226 810
CLU（美元）	−970 890 550	−958 059 920	−950 277 440
IRR	18.07%	21.65%	23.28%
回收期（年）	7.52	7.02	6.86
久期（年）	29.00	29.00	29.00
出现最大 CLU 的次数	3.00	3.00	3.00

图 6.12 描绘了这个投资组合的累积现金流。基准情形下的现金消耗速度大概是每年 316.0 百万英镑，投资回收期是 7.02 年。从 3 年的 CLU 点到 7.02 年的 PB 点之间陡峭的累积现金流曲线可以看出，该投资组合的流动性风险是非常小的，因为它自身产生的收入就能够满足营运成本和偿债支出的需要。

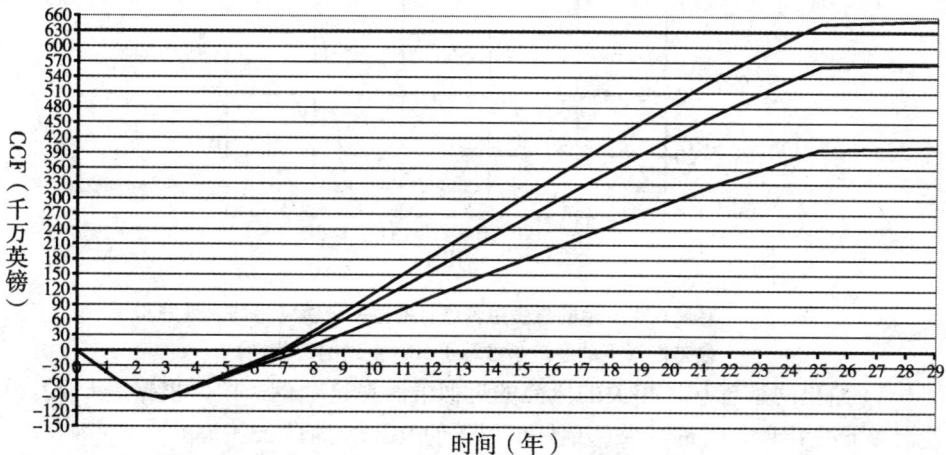

图 6.12　项目组合的累积现金流（最差、基准和最好情形）

投资组合现在可以表述为包含三项活动的一个项目，即如图 6.10 所示的现金支出（投入）、产生收入到投资回收、投资回收后到产生净现值的活动。项目被组合成投资组合后，可以用敏感性分析和概率分析来对其评估。图 6.13 表示投资组合的一些经济参数如 PB、CLU 和 NPV 相对于 IRR 的敏感性。图 6.14 描绘了投资组合的概率相对于 IRR 的 S 型曲线。同理可得到投资组合分别基于NPV、CLU 和 PB 的敏感性分析和概率分析曲线。曲线越陡峭，表明变量对已知风险的敏感性越低。

敏感性分析图：IRR

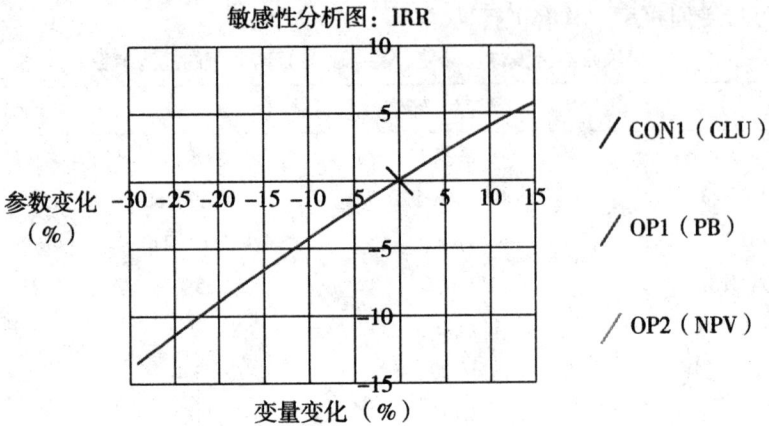

图 6.13　对表 6.4 所示的投资组合进行的敏感性分析（CLU、PB
和 NPV 相对于 IRR 变动的敏感性）

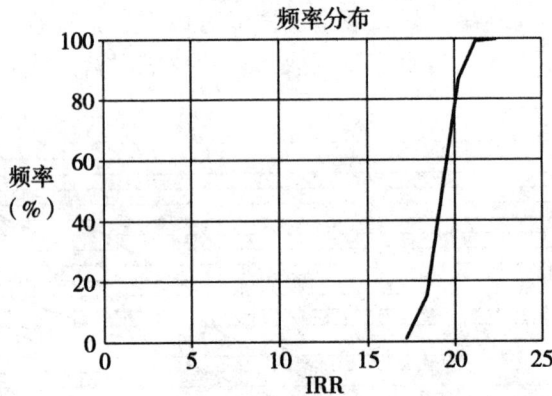

图 6.14　对表 6.4 所示的投资组合进行的概率分析（平均、最好和
最差情形下的经济参数基于 IRR 变动的敏感性）

图 6.14 给出的是与 IRR 相关的风险的近似值。在这个例子中，根据表 6.4，最差情形下的 IRR 大约是 18%，最好情形下的 IRR 大约是 23%。

借助本书提出的评估机制，可以清楚地显示由 15 个小型石油天然气项目所组成的投资组合在最好、基准和最差情形下的累积现金流和经济参数。本书阐述了这个机制将风险管理程序与电子数据表相结合的原理，以及如何将其应用于由多个项目组成的投资组合中。

八个更新改造项目，无论从单个还是从整体来看，都不具有可行性。但是，当与具有可行性的项目组相结合后，整个投资组合的 IRR 超出了 MARR 的要求，原先不可行的项目从而变得可行了。

输出机制仅依赖于各个项目的 NPV、CLU、PB 和相对启动日期。利益相关者（如债权人、担保人、承建方和发起人）可利用这一机制评估其投资回报。

发起人和承建方在决定是否投标项目组合时会发现这个机制很有用。

这个机制以其最简单形式为评估投资组合或规划项目提供了一个有效的方法，这些项目都先有一个建设期，随后是收入实现期。这个机制允许使用者在投资组合的任何时期增减成本或收入，可以说它为使用者提供了一个战略性的项目管理工具。可以通过改变单个项目的启动日期或项目的数量，来确定单个项目对投资组合的经济参数的影响。比如，某个项目的启动日期如果提前 2 年，那么 CLU 就会减小。

在概率分析之前，可以用敏感性分析来确定最敏感的项目或活动。也可以不考虑项目组合里单个项目的融资因素，而是将投资组合整体看作一个项目来融资，然后对这一揽子融资确定其基准、最差和最好的情形。

6.12　本章小结

在投资组合中，潜在的不确定性随着投资组合的广泛度以及项目或投资的范围的增加而加大。项目间的相互依赖和相互联系同样会影响正面的和负面的风险。

本章讨论了投资组合的选择和策略、情境分析和分散化投资、投资组合风险管理等问题，并研究了捆绑项目及其融资要考虑的问题，还探讨了投资组合中各项目交叉担保的好处，以及如何将交叉担保运用于项目组合以改善经济参数。

本章还讨论了累积现金流是怎样产生的以及怎样计算经济参数，讨论了将累积现金流合并来评估投资组合基准情形的几个例子，给出了构建投资组合累积现金流模型的建议。

第 **7** 章 公司层的风险管理

7.1 引言

人们很少研究这些问题：在公司层要评估哪些风险？谁来从事这样的风险评估？公司法人进行风险管理的一般职能是什么？

本章简要介绍了公司的发展史、公司的权利、公司法人决策时涉及的问题、公司层的职能以及会影响公司法人实体、战略业务单元（SBU）和项目的风险。

7.2 定义

French 和 Saward（1983）将公司定义为：

公司是人的联合，公司本身在法律上可被视为一个独立的实体，它包含了各种法律关系（比如，财产的所有者，契约的一方，法律诉讼的一方），它将持续经营直至被依法解散。

公司内联合在一起的个人被称为公司的"发起人"或"成员"。

《管理词典》（French 和 Saward，1983）中对公司的定义为：

公司担当法律授权的一系列人或团体的一个法人，它有独立于组建公司的个人的权利和负债。这种法人人格是由皇家宪章、法令或普通法律所创设的。

最重要的公司类别是根据公司法注册成立的公司。公司由多人组成，如有限公司。公司可以以自己的名义拥有财产，经营业务，从事合法活动。

本书同意以上关于公司的定义，但本书的出发点是把公司看成追求利润的企业，它的目标是实现增长、效率和利润最大化。

Chambers 和 Wallace（1993）将管理定义为：

公司或组织的执行者或管理人员（他们不一定是公司的所有者）是由公司所有者推选的，负责本组织的各项工作。公司所有者出于不同的动机进行管理，如为了占有市场份额或取得销售成功，而不仅仅是为了盈利和分红。

Chambers 和 Wallace（1993）将管理技术定义为：

多种用于制定决策以提高最终结果的质量的方法。有些是基于决策制定的特定方法，如目标管理和人力资源管理。有的方法则是基于模型和统计技术的使用，比如预测方法、营运研究和比率分析。这些技术可以帮助制定决策，但仍需要管理者根据其他经验来权衡结果。

从本书的意图出发，我们将公司管理定义为：

公司法人实体以及公司内的组织机构实施的管理活动，是运用工具和技术来辅助决策制定的过程。

伦敦证券交易所（2002）将其自身界定为：

1973 年由伦敦证券交易所和其他几个城市的交易所合并成的有组织的证券市场。整个交易所由一个理事会管理。理事会的成员每年选举一次，他们可以身兼两职。

交易所的会员有三种：个人、无限责任公司（它的成员必须是伦敦证券交易所的会员）以及有限公司（它的董事必须是伦敦证券交易所的会员）。只有个人才有资格竞选理事会和单位委员会成员，但是不能以个人的名义进行商业交易——所有业务交易必须以无限责任公司或有限公司会员或合伙企业的名义进行。所有合伙企业和公司会员每年都要向理事会呈报经审计后的账簿。

只有经理事会批准上市的证券和政府股票可以交易。股票做市商需要提供它可以做市的证券的清单。经纪人在一般情况下只能和股票做市商交易，而不能相互之间直接交易，除非某种证券没有做市商。

伦敦金融时报指数（FTSE，也称为"英国富时指数"）为交易者列出了在伦敦证券交易所挂牌的公司。我们认为，股票市场的主要作用是通过出售股份来募集资金。股票持有者从自身利益出发应该注意公司实体经营的风险。

FTSE 给出了在伦敦股票交易所上市的 39 个行业公司股票的业绩表现。股票市场会报告关于公司股价、与上个交易日相比股价的涨跌、52 周内的最高价和最低价、成交量、每股收益以及市盈率（P/E）等指标数据。大多数股票的股价是以便士或英镑标价，有的股票也用欧元、美元或日元来标价。

股票市场投资者在买卖股票时，会基于预测的公司盈利的变化来评估股票的当前价格和内在价值。FTSE 提供的数据和信息便于投资者快速评估行业部门或特定公司的表现。

FTSE 的另一个作用是依据各公司的社会和环境记录来评价公司。对此，Cole（2002）解释道：

可一劳永逸地根据公司的环境和社会记录来评价前 300 强公司。

这些评价信息会影响公司的股价。

Taylor 和 Hawkins（1972）认为：

公司实体必须明确其自身对股东的态度，不光是在结账日而是每天都要明确。必须致力于明确公司的目标：设定能够准确表达公司经营目标的基本原则，制定业绩考核标准以及测定其进程。

我们也同意这种观点。

7.3 公司的发展历史

公司是一种可获取权利和放弃部分责任的独创性制度安排。这并不是说这种机构或制度是凭空设想出来的。Daniel Bennett 律师曾写过关于公司解放（形成）的简史（Bennett, 1999）。他指出在最初时，英国的公司是以慈善机构、教堂、学校和医院的形式出现，以组建公司的方式来规避法律和财务方面的一些问题——比如遗产税——当一个实体的寿命比其创建者的寿命更长时就会遇到这种问题。这些组织的成立由国王批准，并且规定什么能做和什么不能做，且禁止从事盈利性的商业活动。

随着时间的推移，君主开始向贸易协会授予"组建公司特许状"。商会被授予在特定经济领域享有垄断的特权，但不能以自身的名义进行买卖。公司必须加入一个联盟才能进行交易。然而经过一段时间后，这个体系最终崩溃，联盟变成了以赚取利润为目的的公司，原来属于联盟成员企业的股份变成了由新公司的股东共同持有。其他商会组织很快也模仿这种做法，不久后国王和议会就准许它们以商业性质的公司存在。逐渐地，这些公司一步步地获得了自然人才拥有的法律权利。即使这些公司逾越了权限，政府已无力制服它们了。

整个 20 世纪，公司都在寻找新的方法来逃脱其责任和义务，这些方法包括成立附属机构（通常是离岸开设），持有非重大资产（如处理有争议的业务）等等。1998 年，一封从英国首相办公室流出的信件揭示，英国政府正计划对英国本土公司施行保护政策，以免遭受来自第三世界国家工人的法律诉讼。1999 年，尽管 Cape 公司是英国本土公司，但上诉法院驳回了 3 000 名南非工人在 Cape 公司遭受石棉中毒一案，该公司被指控应对此事承担责任。这些公司似乎得到本国法律的宽容，跨国公司还可得到国际人权法律的豁免。而同时，英国的公司可以因受到诽谤而起诉，其财产受到威胁时可以报警，可依据公司的禁令对付抗议者和工人。换言之，公司可以像自然人一样使用法律，但在一些关键方面公司并不受制于法律（Monbiot, 2000）。

许多公司很有效率，经营管理也不错，但确切地说，它们是基于与公众不同的利益诉求来管理的。公司的董事对股东负有信托责任，他们必须优先考虑股东的利益，奉行"股东利益至上"的原则。相比之下，国家要对其所有成员负责，必须尽力平衡地方竞争者（各州）之间的利益。出人意料的是，Peter Mandelson 这位被公认为最支持公司拥有权利的官员，意识到了这一利益冲突。他在 1996 年写道，"要求公司董事会代表不同利益相关者的利益，这是不现实或不可取的，董事会应该对其股东负责"（Mandelson 和 Liddle, 1996）。Adam Smith（亚当·斯密）曾说过，"单由一伙商人组成的政府，或许是所有政府中最糟糕的。"

英国公司的董事的个人职责是要尽可能高地维持公司的股价。如果他们忽视了"信托责任"，就可能被起诉甚至坐牢。另一方面，如果他们忽视了对公司员工的保护，造成了员工的伤亡，他们不会被起诉。运气不好的公司最多就是被罚款，不会影响到董事。

在英国，每年大约有 360 人在工作中死亡。研究表明，公司要对约 80% 的过失死亡负主要责任，但是只有两家相对较小的公司受到了指控（Slapper，1999）。问题是，尽管公司获得了很多人权，但公司总想设法摆脱相应的责任。只有当公司的董事或高层管理人员被指控对员工的死亡负直接责任的时候，公司才会被宣判犯有杀人罪。如果责任是由整个董事会来承担，则公司不会被认为轻率疏忽或故意杀害，公司是无辜的。

我们认为，由于政府健康和安全执行（HSE）部门不大愿意起诉任何人和任何事情，使得这一问题进一步加重。据公司责任中心（Center for Corporate Accountability）的统计，1996 年到 1998 年间，有 47 000 人遭受严重工伤，其中只有 11% 的伤亡事件受到 HSE 的调查（Select Committee on Environment，Transport 和 Regional Affairs，1999）。

1996 年法律委员会宣布公司过失杀人相关法律亟待改革。1997 年 Southall 火车碰撞事故中死了 7 个人，两周后内政大臣向工党解释说，"法律只有在由于整个公司的严重疏忽导致人员伤亡的情况下，才会宣判公司的董事有罪"。内政大臣花了两年半的时间起草有关公司过失杀人法律的咨询文件。即便如此，政府提议无论公司是否有主管被控应承担责任，公司过失杀人罪都成立，建议对于严重玩忽职守的董事，不仅要严惩，还要撤消其职务。

公司的股权资本

公司的股权资本是通过发行股票获得的。股票的购买者就是公司及其资产的所有者（利益相关者）。公司用这种方式融资，所有权可以遍布世界，可以积累更多的资本。由于股票的这一特征，尽管股东是公司的所有者，有权分得股利（分享利润），但他们不对公司的债务承担责任。公司通常是持续运营的，投资者可进行长期投资，并且未来有一定程度的确定性，这使得公司更易于获得债务资本。

股票种类有很多，主要有两种：普通股（对投资回报没有特别保证的所有权）和优先股（比普通股有利润分配的优先权和限制条件）（Sullivan，2003）。

7.4　公司结构

图 7.1 描绘的是 Johnson 和 Scholes（1999）提出的多部门公司结构。多部门结构是根据产品、服务、地区或组织流程来细分的。这些部门执行各自的职能。

不过出于本书的目的，我们用图 7.2 来表示公司结构。

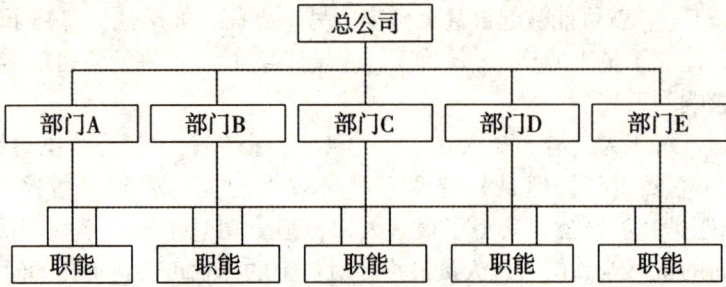

图7.1　多部门公司结构（引自 Johnson 和 Scholes，1999）

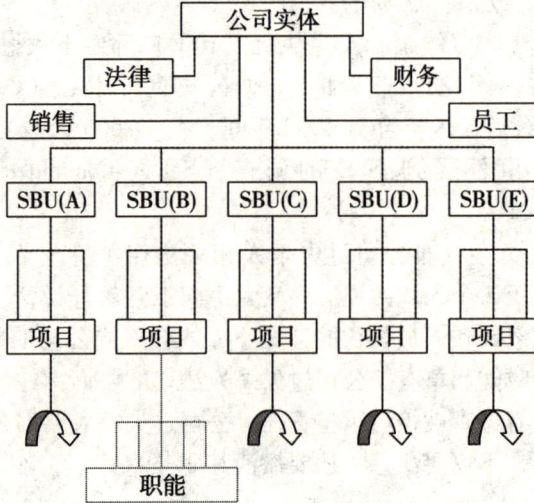

图解
SBU（A）：生产公司
SBU（B）：贸易公司
SBU（C）：服务公司
SBU（D）：控股公司
SBU（E）：项目公司

图7.2　典型的公司结构（Merna，2003）

　　图7.2的最顶层是公司实体，公司的其他部门都在这个层级下进行交易，做出全部财务和购买决策。第二个层级是战略业务单元（SBU），这些 SBU 被分成独立的战略业务运营中心，比如制造公司、控股公司和服务公司。层级示意图的底层是项目层，这些项目是在 SBU 下执行的，并且要履行其必要的职能，通常依靠实施项目来创收。

7.5　公司管理

公司管理，通常被称作公司战略，其焦点是确保公司能够生存并且增值，不仅是增加财务方面的价值，还能从比如市场份额、声誉、品牌认知度等方面增加公司的价值。因此，公司风险管理被广泛纳入支持公司战略的范畴。

公司的高层管理人员主导这个过程，并让员工参与分析和管理活动。董事会成员为这一过程提供支持，确保信息和资源的获取。董事会的核心成员和战略业务单元的执行者可以从利益相关者中挑选，比如：

- 股东代表；
- 主要客户、合作伙伴和供应商的代表；
- 外部专家。

风险管理的范围覆盖当前市场和 SBU 的项目组合，同时也寻找潜在的新市场。SBU 反馈的结果依据国际市场（客户、供应商和竞争者）的变化和趋势、立法、管制、政治和社会态度来评估。

可用的信息有多种来源，可能包括：

- 内部信息；
- 公司战略规划；
- 公司财务报告；
- 事业部财务报告；
- 事业部风险监控的反馈信息；
- 公共领域的信息；
- 竞争者、客户、供应商和合作伙伴的财务报告；
- 专业组织的标杆和预测，如英国工业联合会（CBI）；
- 研究论文；
- 压力集团的信息；
- 政府采取的措施；
- 经济统计和预测；
- 人口统计和社会经济趋势；
- 白皮书和绿皮书（英国政府）；
- 对提议立法的咨询；
- 从专业组织（如独立的研究分析师）购买的信息；
- 消费趋势；
- 技术预测；
- 过去和当前项目的信息。

在公司层通常要制定公司战略规划（CSP）。Johnson 和 Scholes（1999）认为，战略规划由以下目标组成：

- 创建和保持的战略要能实现公司的目标，能履行公司的承诺，达到客户、股东和其他利益相关者的预期；
- 体现和保持各业务部门的承诺义务和要求，具体指的是 SBU 和支持战略方向的流程主导者；
- 沟通协调战略指导方向、相关目标以及每个 SBU 的目标；
- 管理战略变化，以保持或获得竞争优势。

公司战略是业务战略的整合，传达着公司目标，能满足金融投资或组织面临的约束条件的要求。公司战略包含以下独立但综合的子过程：分析公司战略需求，汇集公司战略组合，制定公司战略，管理战略变化，管理公司风险。

随着公司经营日益多元化，高管层还面临着一些新问题：

- 如何管理分布广泛的业务？（尤其是公司对某个业务知之甚少时，以及与那些在某个业务领域具有核心竞争力的公司竞争的时候。）
- 如何组织公司？
- 公司应授予经营者多少职权？
- 怎样在不同的业务间分配有限的资本？
- 每种业务的风险及其管理。

上述问题归纳起来就是，"向公司投资的股东能得到什么好处？"

7.5.1 公司法人实体

在公司层，公司战略的大部分责任通常要由高管们承担。他们履行受托责任的程度取决于被授予的自主权及公司治理对其施加的约束。公司董事会对公司管理／战略负最终责任。

7.5.2 董事的法律义务

Loose（1990）认为，公司董事作为个体，同时也与其他董事一起作为整体，为公司的生存发展和未来的成功负责。董事承担的责任与管理者的责任有本质区别，因为管理者与其他人共同承担责任，而董事则对整个公司负有最终的责任。

这种受托责任是针对公司而不是针对股东。即使大多数股东不同意董事会的决策，这些股东也无法随意地直接改变这些决定。因此，在公司每年举行的股东大会（AGM）上，董事会提出股利分配方案，股东们无权要求提高分红。同样地，股东无权安排公司员工的具体工作，股东只有更换董事的权利。

Parker（1978）认为，公司的成败很大程度上取决于董事会和高管的素质以及公司所处的竞争地位。我们同意这一观点，但认为经济的总体状态如利率、通货膨胀率和汇率，以及外部环境因素如政治、经济、社会和技术等，同样对公司成败起着关键作用。

7.5.3　董事会

Houlden（1990）认为董事会主要扮演以下角色：

- 指导整个公司；
- 委任常务董事或执行主管；
- 适当授权来运营公司；
- 监控公司的运作；
- 必要时采取补救措施。

董事会有三个特别重要的特征：

1. 董事会结构。不同国家的董事会结构会有所不同。有些国家，例如德国、芬兰的董事会要求双层架构，而像英国和日本这些国家则要求单层结构的董事会。在法国和瑞士，公司可以自由选择董事会的架构。双层董事会架构中有正式的权力划分，管理委员会（或称理事会、管理层董事会）由高层主管组成，独立的监事会则由非执行董事组成，旨在监控管理委员会。在单一结构的董事会中，执行董事和非执行董事（外部人员）一起组成董事会。

2. 董事会成员。不同公司董事会的成员构成可能有很大差异，比如在董事的数量、地位和外部董事的独立性方面会有所不同。

3. 董事会的任务。不同公司的董事会的任务和职权也显著不同。有些公司的董事会不常开会，董事们只是被要求对提案投票。这样的董事会对首席执行官（CEO）没有多少影响力，很少或无法抵触 CEO 的意图。而有些公司的董事会经常开会，在公司治理方面扮演着重要的角色——明确地阐述建议和提案，主动挑选新的高管，确立公司的目标和激励方案。通常，非执行董事（独立董事）的权力很大程度上取决于其对自身角色的定位。

公司要重视 CEO 的重要性，比如在风险管理方面：

风险管理的效果极大地受到 CEO 的影响——CEO 可能是主要的破坏者，也可能是价值提升的重要贡献者，正所谓"成也萧何，败也萧何"（Pye，2001）。

7.5.4　董事会的构成

公司需要有好的领导。这包括要有热情、平衡的智慧以及好的判断力（Houlden，1990）。Mintzberg（1984）称，从更广的视角来看，董事会只是公司治理体系的一部分。比如，地方当局颁布的法规条例和社会团体的压力等检查和平衡机制，都可以限制高管对权力的滥用。

7.6　公司的职能

每个公司都需要一个公司使命。这项使命所包含的基本出发点能将公司引向特定的方向。McCoy（1985）认为，组织的目标是制定战略的最重要的起点，同样重要的还有组织文化里所蕴含的价值观。Falsey（1989）认为，组织成员所共享的价值观会塑造组织的伦理行为和道德责任，从而影响组织的战略选择。

其他引导公司的因素还包括公司的努力方向以及作为公司经营使命重要组成部分的竞争抱负或目标（Abell，1980；Pearce，1982；Bartlett 和 Ghoshal，1994）。

公司使命可以通过使命宣言书的方式来清楚地表达，但实际上并非每个被称作使命陈述的东西都能满足上述标准。我们认为，公司可设定一项使命，即使它没有被写在纸上，不过这样会增加在向全公司解释使命时出现理解偏差的风险（Pearce，1982；Collins 和 Porras，1996）。

总的来说，公司使命在组织中扮演了三个重要的角色：

1. 指导方向。公司使命应该指出公司的方向。这可以通过限定边界并在这个范围内选择战略和采取行动来实现。通过规定公司战略所必须遵循的基本原则，公司使命限制了战略选择的范围，使得公司有明确的路线。

2. 合法化。公司使命向公司内部各个层级的利益相关者以及公司外部的利益相关者传达这样的信息：公司正在追求的目标将会增加公司的价值。通过明确地表达出指导公司的经营理念，期望能使利益相关者接受、支持和信任公司的高管，从而得到公司层、战略业务层和项目层的支持。

3. 激励。有些情况下，我们认为公司使命不仅能达到合法化的目的，事实上它能激发个人和公司的各个层级以一种特有的方式相互协作。通过设定推动公司发展的基本原则，可演化出一种"公司精神"，进而产生能长期激励员工的强大动力。

在公司内，"愿景"这个概念容易和"使命"相混淆。公司愿景是描绘公司期望未来成为什么样子的一副蓝图。公司使命勾勒出公司的基本出发点，公司愿景描绘的是公司未来想要达到的状态。使命和愿景都是公司要考虑的非常重要的主题，需付出大量的时间和精力来制定（David，1989）。

公司治理

在公司层值得引起注意的一个方面是，由谁来确立公司的使命和由谁来监控公司的活动，这就是公司治理，即由谁来处理战略选择和高管的行动问题（Keasey 等，1997）。

公司治理意在建立检查审核和权力制衡体系，以确保高管实施的战略与公司使命一致。所有旨在监督和控制高管行为的任务和活动都属于公司治理的范畴，这被称作公司治理的架构。公司治理明确了公司的服务对象以及怎样来设定公司目标和优先考虑的事项。它考虑了公司的运行功能和不同利益相关者之间权利的划分。它带有强烈的文化色彩，不同国家有不同的公司治理传统和架构（Yoshimori，1995）。

特恩布尔报告（1999）提出了好的公司治理的几条原则。首先是关于董事的。董事控制的因素包括董事会、董事长和 CEO、董事会的制衡、信息的提供、董事会的委任和改选。

在伦敦股票交易所上市的公司都必须由有效的董事会来领导和控制。上市公司高层有两项非常重要的任务，即有效地运转董事会以及对公司经营业务的执行责任。公司高层应有清楚的责任划分，保证权责的平衡，没有哪一个人可拥有不受制约的决策权。

董事会要有相互制衡的执行董事和非执行董事（包括独立董事），以确保个人或小团体无法主宰董事会的决策制定，还要有一套正式透明的委任新董事的程序。

特恩布尔报告（1999）的目的在于指导英国公司的公司治理实践，帮助它们重视风险管理。报告的主要内容包括内部控制和风险管理的重要性，方法包括不断地检查有效性来维护健全的内部控制体系，董事会对内部控制的意见和声明，以及尽职调查和内部审计。

Tricked（1994）对公司治理的一般定义是"解决董事会面临的问题"。因此，要注意公司层的利益相关者扮演的角色和应承担的责任。

我们认为公司层的公司治理有三个重要的功能：

1. 构建功能。首要功能是对公司使命的形成产生影响。这里的任务是要塑造、整合和传达驱动组织活动的基本原则。确定组织的目标和设定索取权人的优先次序是构建功能的一部分。Yoshimori（1995）认为，董事会通过对战略选择的依据提出质疑，对经营理念产生影响，对公司战略对各利益相关者带来的好处和坏处作出明确的权衡，来发挥这一功能。

2. 执行功能。这项功能促成公司的战略过程，力图改善公司的未来业绩。在公司层这一功能的任务是，评价由高管层提出的战略举措，并积极地参与战略的制定。Zahra 和 Pearce（1989）认为，为实现这项功能，董事会可参与讨论战略，担当高管层的坚强后盾和宣传者，联结各方以确保得到重要利益相关者的支持。

3. 遵从功能。这项功能用来确保公司遵从既定的使命和战略。公司治理的任务是监控公司是否按承诺从事活动，公司表现是否令人满意。缺乏管理的地方就需要通过公司治理施加压力做出改变。Spencer（1983）认为，为实现这一功能，董事会可审计公司的活动，询问和监督高层管理者，确定薪酬补偿和激励方案，甚至任命新的管理者。

Hussey（1991）将公司的目标或功能分类为主要目标、次要目标和公司具体目标：

- 主要目标。获利是所有公司的首要动机，很多管理者宣称其主要职责就是达到利润最大化。但在某些情况下这个观点是不正确的，因为没有哪家公司会为了获取利润而不择手段地做任何事情。比如，很少有公司愿意自己的员工耗尽体力和脑力地工作。与客户打交道时，大多数购买行为或交易活动以后很可能还会"重现"，因此一味地追求一次性的高回报会对长期的盈利不利。

● 次要目标。公司层的次要目标是对公司业务特征的描述。在公司层，应该问这个问题，"我要干什么"，公司评估时可以回答这一问题。但这不是"目标"，为此接下来要问"我的任务该是怎样?"从这些信息中，CEO 和他/她的直属经理，如市场营销、生产和财务经理，就可解析公司选择的特定方向在"哪里"，"什么时候"以及"为什么"。

我们认为，必须意识到无论公司战略怎样，CEO 对于经营公司——"到哪里"、"做什么"、"怎样做"——都有自己的独到想法。

● 公司具体目标。具体目标是量化了的目标，它提供一种衡量单位，CEO可据此确定其战略有没有得到贯彻执行。制定出具体的目标比确定盈利目标要难得多，因为利润目标是与正在实施的战略直接相关联的。具体目标是地标和里程碑，是公司发展道路中达到某个参照点时的标志（Handy，1999）。

我们相信这些公司地标和里程碑应该是可量化的，可以使公司每项重要业务的目标有个比较，并且这些具体目标从长期来看可以实现。根据实际需要，可以尽可能多地制定具体目标。设定公司无心从事的或与任务无关的目标是毫无意义的。

下面列举了公司层级作为公司治理尺度应该实现的一些实际目标：

● 就业数据；
● 市场占有率（百分比）；
● 会计数据（如流动比率和资本结构）；
● 最小客户数据；
● 在产业纠纷中耗费的最长时间；
● 投入资本回报率；
● 绝对销售目标；
● 营业利润提高的价值；
● 员工流动率（每年较低的目标，比如，采纳员工的意见，持续地改善员工的状况）。

7.7 公司战略

公司战略是公司决策的模式，确定并揭示了公司各层级的宗旨、意图和目标。它给出了公司的主要政策和达成这些目标的计划，并且界定了公司的业务范围（Andrews，1998）。

Ellis 和 Williams（1995）将公司战略看做一种手段，它可以增加两个在决策制定中同等重要的方面的价值，这两个方面是：

1. 公司活动的总体范围。

2. 母公司的管理。

图 7.3 表明了公司战略的主要组成部分。

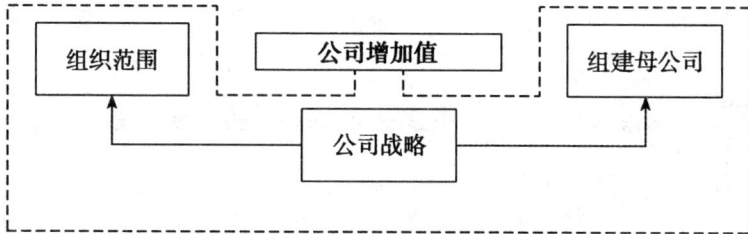

图 7.3　公司战略的主要组成部分

可以从公司愿意从事的业务的角度来界定公司层的组织活动及其范围。在增加或减少公司的行业跨度和竞争市场时，公司能否获得额外的增加值来源取决于经理对该项业务能否获得可接受回报率的判断。如果达不到满意的回报率，这项业务就应该从公司的投资组合中取消。

第二项任务是母公司的管理。它涉及公司如何管理各种不同的业务。Goold 和 Campbell（1989）分析了母公司实施管理的几条原则，描述如下：

● 母公司可以增加其投资组合业务的价值，要么是因为总部团队拥有特殊的经营技能，要么是因为它可以在各项业务间产生协同效应。

● 如果母公司确信对于某项新业务，它能比其他潜在投标方创造出更大的价值，那么就应该把这项业务引入投资组合。

● 母公司确信某项业务作为独立的公司经营会更好或者作为其他公司投资组合的一部分来经营会更好时，就应该放弃这项业务。

战略管理可由以下两个维度来区分：

1. 规划。总部在制定公司战略时的影响力和协调能力。

2. 控制。总部控制经营绩效的类型。

从这两个维度可以将公司管理的风格分为三种：

1. 战略规划型。公司层级很重视通过规划来影响业务经营的方向。可运用战略或财务目标来实行战略规划（Hussey，1991）。

2. 战略控制型。战略控制将管理推向业务层级，很少涉及公司层级。但是，项目越大，就越有可能涉及公司层。

3. 财务控制型。Ellis 和 Williams（1995）认为，这种方法由公司总部授权使用。制定的预算如同公司层和业务层之间的一项"契约"。然后业务层通过战略和财务工具来实现预算目标。

我们认为，公司层必须尽力调查以识别风险，以此减小正被战略业务单元或其投资的项目所吸收的风险。

Conklin 和 Tapp（2000）列举了偏离传统公司层级结构的情形。事实上，大多数组织都会将决策权下放到分散式的决策制定单位，在整个公司结构内，这些单位的经营具有一定程度的自主权。对这样的组织来说，加强创造性网络是一项内部挑战。随着从等级分明的公司结构到分散但相互关联的工作群体的职责转变，建立一套能很好地培育"内部企业家精神"的体系成为当务之急。

7.8 识别风险

现实中的公司处在相互敌对的竞争环境中，仅仅通过良好的公司内部管理和购买一些保险或衍生金融工具来保全实物资产和金融资产是远远不够的。对于大多数公司，尤其是小公司而言，获利的压力非常大，对波动性冲击的耐受力是如此脆弱，以至于现行的战略难以从容应对。公司关注的焦点必须转移到更重大、更无形的公司前景和声誉上，从而维持投资者的利益，因此必须要增强董事会的风险管理意识，使风险管理深入人心（Monbiot，2000）。

权益和信用分析师越来越注重所分析公司的风险和风险管理的质量，董事会对此更加关注。分析师希望能告诉当前的和潜在的投资者：公司管理者知道自己在做什么，他们尽可能用最有效的方式来运营公司资本，他们控制着战略业务单元以及未来的盈利。

高管层越来越多地利用公司报告和新闻媒介来夸耀其最新的风险管理计划和政策，然而学一点风险管理的词汇，然后简单地搬用一些精装小册子上的说法，并不是风险管理。公司要想呈报出投资者和其他利益相关者所要求的稳定可靠的、负有社会责任的且能持续增长的收益，就必须严肃对待风险管理并把它付诸实践（Parkinson，1993）。

公司部门中，较明智的高管会聘用综合风险经理，他们通常是从安全管理部门提拔起来的。风险经理的核心职责是识别、衡量和减轻风险，以及在可行和必要的时候为风险管理筹集资金。很多情况下，风险经理努力协调其他部门的风险管理活动，在整个组织内倡导一种风险管理文化。

最近对英国、欧洲和美国的 CEO 和风险经理们的一项调查显示，当前他们主要关心的问题是：公司治理；敲诈勒索、产品损坏和恐怖主义；环境责任；政治风险；监管和法律风险；欺诈；还有现代技术带来的各种风险（Monbiot，2000）。引起这种重心转移的原因当然有很多，各不相同且相互交织。从根本上来说，公司风险和财务风险随着世界经济的全球化而变得更大和更加复杂。贸易的全球化以及国内和国际间贸易壁垒的消除，引起了一个大的跨部门的合并浪潮，一些实质上是非经济组织的部门，以前之所以能存在可能是由于消费者无知、缺乏外部竞争以及有政府支持等原因，现在则要被迫适应或退出。

在全球化的、相互关联的和日渐加深的服务主导的经济环境中，公司的成败越来越取决于两个关键驱动因素——洞察力和知识。风险管理就是这两者的结合，透彻地理解这一理念会使公司进一步接近成功。公司必须有能力以适宜的价格买进原材料，加工成商品后再卖出去以获得利润。还要考虑到意外事件的发生，这需要采用完整的、结构化的、最新的风险管理系统。

恶意投标是公司面临的一项主要风险。公司通常更多地使用债务来提高其财务杠杆水平，从而降低了对投机兼并者的吸引力。但股东未必想要太多的债务，因为债务的偿还优先于股利分配，借债过多可能导致股东分得较少股利或得不到股利。

在英国，占有行业市场 26% 以上份额的公司，法律上才认定其为垄断公司。对大型超市行业的主要部门进行统计，发现最大的 Tesco 超市占有 17% 的市场份额（是两年前的两倍），Sainsbury 占 13%。但是如果从零售行业的销售额来看，Tesco 占 26%，Sainsbury 占 20%。

新公司想通过网上购物提供的机会来挑战这些商业巨头的统治地位，希望也很渺茫。Tesco 公司，这个杂货零售行业的市场主导者，已经成为世界上最大的在线零售商。2000 年初它宣称前一年年度网络销售额为 12 600 万英镑，并声称本年度这个数字会变成现在的三倍。在这个例子中，Tesco 在其竞争对手还未认识到网络销售的优势以前，就已经冒险地率先开创了网络销售新市场。

有的分析师认为英国最大的连锁公司集合在一起就符合法律上垄断的定义了。五大超市连锁公司的销售额占整个英国零售额的 74.6%。这可能是全球最集中的市场了，被称为卡特尔组织，这个组织统一对零售商品定价，因而降低了商品零售市场中其他小公司的威胁，它们的利润长期高于欧洲大陆其他类似的连锁公司（Monbiot，2000）。

英国四大银行，巴克利（Barclays）、汇丰（HSBC）、劳埃德 TSB（Lloyds TSB）和苏格兰皇家银行（Royal Bank of Scotland），控制了全国约 86% 的小公司银行业务。这些银行当前正在接受竞争委员会的调查，它们因向客户收取固定费用（以此削弱竞争）而面临着被罚款的风险。

我们认为，业务外包是公司和战略业务单元用以降低风险的主要工具。很多公司将某些业务外包出去，从而将风险转移给其他方。比如大型连锁超市公司，通常将它的仓储、质检、商品安全和运输外包给供应商，从而将其无法控制的风险转移出去。

7.9 公司层特有的风险

当前，公司过失杀人要遭到起诉，和个人一样，犯了罪就要被宣判有罪或负刑事责任。法律应该认识并且向公众传达这个意识，公司作为实体存在，也可能作为一个实体犯罪，这不同于公司雇员的犯罪。评定公司是否应受谴责的最好方法是，看公司的犯罪意图。这难免会引发这样的问题，即如何评价政策和程序以确定它们是否反映了必要罪责，这个问题不是不可以解决的（Mokhiber 和Weissman，2001）。

这个信息很明确：公众从近来发生的灾难中觉醒，形成了强烈的共识，要求公司和董事们对因他们的疏忽和失职而导致的死亡和重伤承担责任。这些事件出现后，公司要面对新的风险，因此相关部门必须在公司的安全和健康立法方面进行充分地指导。

同 20 世纪 80 年代中期相比，现如今利用私有化的机会来降低风险其效果是很有限的，因为可占有的国家财富已经被瓜分殆尽，而且公众对野心勃勃的方案的反抗力度也更大了。现在很多大公司已经转向选择一种新的增长方式——合并。通过建造一个协调的全球市场，公司可以在世界上任何地方以相同的条件销售相同的商品，以此来获取规模经济的巨大好处。换句话说，它们正在加紧攫取当前暂时还是由中小企业控制的这部分市场。我们认为，制定全球化的投资决策时必须将第 4 章提到的国家风险考虑进来。

出版业和广播媒体行业的合并使得少数几个势力强大的集团能对公众意识产生巨大的影响。这些企业集团藉此竞争业务经营的自由度。而且，全球化使得公司将枪口对准了政府。若政府拒绝公司的要求，公司可能会以不投资或转移业务到别的国家（比如泰国）相威胁，这将导致国内的大范围失业。结果，公司的权利膨胀到前所未有的程度（Monbiot，2000）。

石油公司经常遭遇由于原油价格下跌引起的现金流风险，因为公司（充足）的现金流依赖于较高的原油价格。而原油价格风险通常是石油公司无法控制的，这项风险常常导致项目的延迟或产出的下降（Energy Information Administration，2001）。

7.10　首席风险官

我们认为，经营企业的关键或实际采用的综合性方法是要委任主要负责人，负责人要对整个过程负责，由董事会对其授权，贯彻公司的所有理念和政策。通常这样被任命的负责人为首席风险官（CRO）。虽然有的公司成功地运用了这种方法，但很多公司活动都没有指定风险经理。据 Blythe（1998）所述，全球公司中只有 60 名特设的首席风险官，而且在过去 4 年里也没有什么迹象表明这个数字会上升到 100。公司已经意识到了风险管理的重要性，但首席风险官的人数的增长速度仍远远赶不上需求。

当然，有人认为所谓新识别出的风险根本就不是新的，这只不过是风险经理希望得到被认可而做的最后努力。还有些人相信，大部分业务风险是与商业企业相伴发生的，试图消除这些风险就意味着放弃公司的很大一部分价值。

7.11 如何评估公司层级的风险

管理公司风险是一个持续的过程，这个过程中要运用 Thompson 和 Perry（1992）所提出的风险管理的主要原则：

- 识别风险／不确定性；
- 分析其含义；
- 最小化风险的应对措施；
- 适当地考虑突发事件。

管理公司风险的目标是要理解与公司战略规划相关的风险。公司风险管理计划可促使风险和处理风险的信息向下传递到可能受风险影响的战略业务单元以及维护公司的风险记录。

Harley（1999）论述道：

现在风险正日渐成为贯穿整个组织结构的基本威胁。公司对风险的处理方法也变得跟经营、融资或公司其他基本功能同等重要。公司构建风险结构的方法成为公司战略的一个基本组成部分。

虽然风险是在公司层级评估的，但它对政府和消费者的影响也是显而易见的。一些公司针对法律和监管风险采取的应对措施有：争取税收优惠，以迁移战略业务单元来威胁政府，或形成卡特尔组织在特定行业部门内垄断定价。以下引自 Monbiot（2000）的叙述更加证明了这一点：

公司获得纳税人的钱的同时，却致力于减少纳税。

7.12 公司风险战略

公司风险战略通常需要有计划的行动来应对已识别的风险。典型的公司风险战略包括以下内容：

- 管理公司风险的责任。
- 公司风险记录将作为公司战略计划里已知风险档案而被保留；降低风险的措施要执行，执行的可能结果要记录在案。
- 处理方案也要作为公司战略的一部分传达给战略业务单元，这样，战略业务单元可以依次对可能影响它们的风险进行管理。

对潜在影响的初步估计可使用假设分析法、决策树分析法和范围法。这些模型可用来评价潜在的风险减缓措施的效力，从而选择最恰当的应对措施。Chapman 和 Ward（1997）认为，风险减缓措施可分为四个类别：

1. 风险规避
- 取消项目；

- 退出市场；
- 出售公司部分业务。

2. 风险减少

- 收购或兼并；
- 转向新市场；
- 在现有市场里开发新产品／新技术；
- 业务流程再造；
- 公司风险管理政策。

3. 风险转移

- 合伙经营；
- 公司的保险政策。

4. 风险保持

- 积极地接受风险，获取风险所蕴含的潜在收益。

在公司层级，许多减缓风险的措施会导致增加（或取消）某些项目，或在较低的风险水平上执行整个项目。

我们认为，影响公司层级的风险可以通过 GAP 分析来减缓。GAP 分析提供了缩小现实业绩与计划业绩之间差距的方法，包括：

- 改变战略；
- 在公司投资组合中增加或取消某些业务；
- 改变战略业务单元的政治策略；
- 改变目标。

7.13 公司风险：概述

大部分公司的失败几乎完全是因为人为因素以及缺乏令人满意的风险管理控制。比如，最近纽约世贸中心双子塔遭受的恐怖袭击事件是不可预见的，但是根据美国政府机构发布的信息，在这次恐怖袭击事件中，世贸中心的风险管理团队本应该采取疏散人员的措施。

令所有公司高管担忧的是，公司潜在的大灾难正在以惊人的速度增长，更糟的是，事关公司生死存亡的邪恶势力在快速壮大，大多数公司对此已无力应对。历史证明，公司的脆弱性主要是因为人为的错误。通过对比令人痛苦的新旧风险，或许可以找到规避风险的方法。就在 16 年前，英国公司面临的主要风险还只是来自于日常的经营活动。最常见的就是实物资产风险，包括财产风险（比如厂房和机器设备失火和遭受盗窃）和人为风险（比如对员工或客户的伤害，还有负债风险）。当前这些风险仍旧存在，并没有显著的减少，但是很多有远见的公司愿意且有能力维持一个更高水平的"损耗"风险，这有助于他们把精力集中在那些更复杂的、令人厌恶的新风险上（Jacob，1997）。

7.14　公司风险的未来

在 20 世纪 70 年代，无知是辩护最常用的借口。公司天真地认为灾难离自己很远，更可能会发生在别人身上。在诚信及关系营销上投入的金钱吸引了终身的消费者，公司坚信消费者会在其陷入灾难时支持它而不是丢弃它。

80 年代，审计人员的出现意味着公司更清楚地意识到其面临的风险，但事实上这仅仅意味着更高水平的保险。到了 90 年代，人们的观念又转变了。越来越多的证据表明任何公司都可能面临灾难，大量的恐怖活动以及新兴的公司治理引起了一场彻底的改变。现在，21 世纪的今天，公司宣称它们不会有事的，因为失败不再是个选项。

新环境带来了新的风险和对风险的新理解。更广泛的技术运用将加大黑客、病毒攻击和网络恐怖主义的风险。同样值得注意的是，公司对待风险的态度以及相应采取的保护措施也会发生变化。以往是从风险能导致失败的角度来定义风险，但现在重心已转移到风险的影响力上了，通常是指对公司财务方面的影响（Jacob，1997）。

更重要的是，公司对社会产生危害时，国家有权摧毁它。我们认为，应该重新引入旧的保护措施，即限制性的公司章程。1720 年，在公司的权利急速膨胀后，英国政府出台了一项法案：规定所有的"对王权统治下的国民造成普遍不满、侵害和不便的商业行为，都被宣布无效。"（The Bubble Act，S18，1720，cited by March and Shapira（1992），The Creation and Development of English Commercial Corporations and the Abolition of Democratic Control over their Behaviour，Programme on Corporations，Law and Democracy）。公司违反章程要受到惩罚。大公司会再次被强制要求申请经营许可证，一旦违背条款就会被吊销许可证。

英国贸工部制定的《保护商业信息手册》（1996）建议公司主管们保护好敏感信息，从而降低损害公司声誉的风险。公司员工要三缄其口（确保签订保密协议），并且所有机密文件要用切碎、粉碎、烧毁或碾成浆沫的方法销毁。尤其是这些文件中有新闻调查记者要寻求的有新闻价值的信息时，更要隐藏好这些文件（Department of Trade and Industry，1996）。

但是我们认为，政府的一些政策已经使得公司大为不快，比如最低工资制度的采用，征收能源税，限制工作时间和重视工会等等。

7.15　本章小结

公司层级关心的是公司作为一个整体所处的或应该处于的业务领域。它解决如下问题，在公司的投资组合中寻求平衡，设定战略标准，比如对利润的贡献和在特定行业的增长。关于分散投资和整体组织结构的问题也是公司层所要考虑的问题。

　　本章定义了公司及其发展历史，还叙述了英国金融时报指数（FTSE）的作用、公司结构、董事会（职能、义务和成员）、公司的职能、公司风险战略和公司风险的未来等内容。

　　本章还强调了公司应对风险的能力和控制，以及公司层与战略业务单元和投资的项目之间的关系。

第 **8** 章 战略业务层的风险管理

8.1 引言

本章概述了企业的形成以及私营公司和公众公司的差别。主要涉及战略业务单元的职能、战略和计划，同时概述了战略业务单元层级特有的风险。

公司法人组织经营多个独立的战略业务单元，每个战略业务单元通常管理着一些不同的项目。因此可以用一个简洁的例子来阐述投资组合理论，这个例子采用不同市场上的五项不同的投资，识别它们的风险。本章也将讨论矩阵系统和计划管理。

8.2 定义

French 和 Saward（1983）把业务描述为：

为了获利而买卖商品、生产商品或提供服务的一种活动。

French 和 Saward（1983）将战略定义为：

为了达到特定目标的一般方法或政策。

《柯林斯（Collins）英语词典》（1995）将业务定义为：

一种商业或产业的环境。

我们认为战略是一套规则，这些规则指导决策者的组织行为，进而催生公司经营管理的共识和方向。出于本书的目的，我们认为战略业务管理基本上可以被概括为对战略业务单元的管理。

8.3 企业的形成

企业的诞生不同于公司。企业通常在经过一段时间的并购和成长后转变成公司。

组建企业有三个必不可少的要素：

1. 有支持企业业务运转的资金来源。
2. 企业的产品或服务被外界所需求，企业可以出售或利用这种产品或服务。
3. 有足够的人员来经营企业。

企业在组建时，业主可从多种法定形式中选择一种；然而，大多数企业最初都是由个体独资开办，并逐渐成长起来的。出于本书的目的，我们关注的是大公司、特定的战略业务单元，以及战略业务单元与公司实体和所投资的项目之间的关系。

公司法赋予组建和注册股份有限公司的权利。在英国，最近的也是最重要的改变发生在 1985 年，股份有限公司或合股公司成为最常见的企业形式。在英国，有限公司有两种形式：私营有限公司和公开招股有限公司。

有限公司，无论是私营的还是公开招股的，都是与其所有者（股东和董事）相分离的独立的法律实体。公司可签订合同和协议，仅以自身的名义承担责任和被起诉。在特定的环境下，董事也可能因玩忽职守而被起诉，但在这里重要的是，他们是与公司一起被起诉。

股东对超出其股份的价值部分的公司债务不负有责任。换句话说，经济责任是有限的。这里所说的股份的价值是原始价格，或原始投资，不是基于股票市场上该股票的现行市价。公司有其自身的寿命，可以超过其初始所有者的寿命期。

英国的有限公司要在名为 Company House 的机构注册，注册时要履行严格的程序。特别要为主管注册的人员准备和提交两份关键的文件：

1. 组织章程大纲。
2. 组织章程细则。

组织章程大纲一般描述公司的目标和经营的业务，它包含组织的名称、注册地址、目标和它的初始资本。这是一个与组织外部有关联的文件，供外部利益相关者使用。

组织章程细则描述了公司运营的规则。在许多方面，它是内部文件，陈述了公司该怎样运营。章程细则要描述股东的权利、董事的选举、会议的主持以及财务会计处理的细节等内容（Birchall 和 Morris，1992）。

支付相关费用后，注册主管人员将签发"公司登记注册证书"。注册后，公司可出售股份，开始从事交易活动。之后每年公司要向注册主管人员提交董事报告、会计账目（通常包括资产负债表、利润表和现金流量表）、一套详细的解释说明以及由公司审计师出示的审计报告。然而这个过程是需要时间的。有的企业预先以适当模糊的条件注册，然后可将公司卖给那些想要快速注册公司的人。这样的公司被称为"壳公司"（Birchall 和 Morris，1992）。

我们也注意到了成为有限公司比公司上市要简单。关于企业是应该成为公众公司还是私营公司这个问题，答案是依情况而定。

有限公司或公众公司的资格认定有具体的规则。表 8.1 列示了私营有限公司和公众公司的差别。

私营有限公司通常是地区性的，而不是全国性的，并且通常是家族企业。高管、董事和股东之间非常密切；有时他们是一个人。私营公司通常不是家喻户晓的，除非其成为公众公司的一个战略业务单元。

表8.1　　**私营有限公司和公众公司的法律差异**（引自 Birchall 和 Morris，1992）

	私营有限公司	公众公司
公司设立章程		必须说明公司是公众公司
名称	以"有限公司"（Ltd）结尾	必须以"公开（招股）有限公司"（plc）结尾
最低注册资本	无	50 000 英镑
最低成员人数	2	2
最低董事人数	1	2
董事的退休年龄	未规定退休年龄	70 岁，除非被解职
公开发行股票	只通过私人协议的方式出售	在证券交易所出售（利用招股说明书的方式）
公司秘书	任何人	必须取得相应的资格
会计账簿	可修改的账簿（会计报表）	必须提交资产负债表、利润表、审计报告和董事会报告
会议	可委托代理人在会议上发言	代理人不可在公开会议上发言

　　公众公司比普通的有限公司更容易从银行借到资金，规模也更大。它们可获得更多的信任，但是对于为什么会这样，并没有一个可信服的理由。公众公司大多是大公司。在英国，普通的有限公司的数量比公众公司多得多，但大部分资本投资集中在公众公司中。

8.4　战略业务单元

Johnson 和 Scholes（1999）将战略业务单元定义为：

组织中的一个部门，这个部门的商品和服务有着明显的外部市场。

Langford 和 Male（2001）对战略业务单元的定义如下：

大公司通常都设立一个战略业务单元，它有权根据公司的指导原则制定自己的战略决策，这一战略决策将涵盖特定的产品、市场、客户或地区。

　　出于本书目的，我们使用 Langford 和 Male（2001）的定义。

　　在战略业务单元内，有效的财务管理需要同时考虑风险和回报。与成长、盈利和现金流有关的目标强调提高投资回报。不过，公司应该在期望回报和风险管理与控制之间取得平衡。因此，很多业务的财务目标都考虑了战略的风险，例如，全球化带来收入流的多样化。风险管理是一个重叠的或额外的目标，它应该与特定业务单元所选择的战略相互补充。

8.4.1 战略联结的需要

战略联结对于信息传递必不可少，它可通过自上而下或自下而上的过程来实现。Toffler（1985）说过：

没有战略的公司就像一架穿过暴风雪天的飞机，忽上忽下，被风撞击着，迷失在雷电中。即使闪电和狂风没有摧毁它，它也会耗尽燃料（而坠落）。

高管和项目参与者面临的一个主要问题是，组织内对项目的实施似乎有些随意。产生混乱通常是因为：

- 如何将这些项目与组织的战略联系起来并保持一致，对此缺乏清晰的认识；
- 缺乏筛选项目的业务流程；
- 高管明显缺乏对所从事的项目的数量、范围和效益的了解。

这导致许多人感觉他们在做的一些项目不仅不必要，而且与其他业务领域的目标也不一致。

给项目制定一个战略重点，有助于解决这些问题。将战略重点与选择项目和确定项目优先次序的业务流程结合起来，是为项目的成功创造良好环境的一个重要步骤。有些战略规划是由组织的各个层级共同制定的。为了清晰简明地表达，Verway 和 Comninos（2002）采用了如下术语：

- 组织层级的战略规划的结果是一套"组织命令"；
- 业务经理将这些命令转变成经营战略；
- 通过实施项目依次贯彻经营战略，项目的战略就是"项目方法或计划"。

8.4.2 封装模型

由 Verway 和 Comninos（2002）开发的封装模型是一种全面的方法，它使组织的战略业务层和项目管理层成为一体。这个模型的核心是"以业务为中心的项目管理（BFPM）协议"，它包含了"目标导向的项目管理（ODPM）过程"。每个层级都将其功能封装。封装层可根据需要剥去或增加。图 8.1 解释了这个封装模型。以下小节将分别解释模型中每一个封装层的内涵。

8.4.2.1 战略封装层

模型的最内层为战略封装层，它包含了组织的愿景、使命、目的和最终目标。负责制定组织战略的领导层主要拥有这一封装层。

组织的战略规划发展出公司愿景，驱动公司使命，并陈述了成功所必需的目标／成果。组织战略通过业务经营战略而被转变为行动，继而促成目标的确立和潜在项目组合的识别。

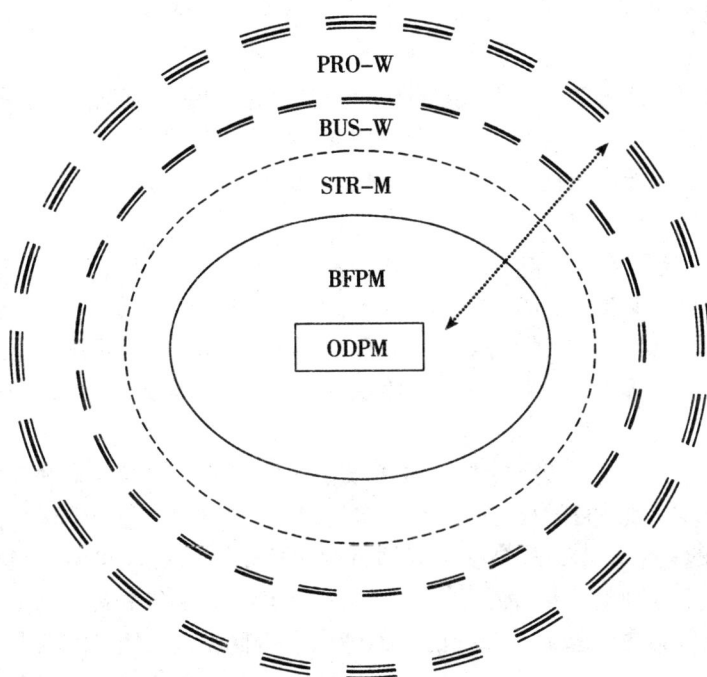

ODPM——目标导向的项目管理
BFPM——以业务为中心的项目管理
STR-W——战略封装层
BUS-W——业务封装层
PRO-W——项目封装层

图 8.1　封装模型

　　战略封装层进一步界定了组织与其所处的环境之间的关系，识别了组织的优势、劣势、机会和所面临的威胁（SWOT）。这个背景包括了社会、技术、经济和环境问题，政治的或公众的看法，组织在运营和法律方面的功能（统称 STEEPOL）。SWOT 分析和 STEEPOL 分析成为组织战略规划的一个不可缺少的部分。

　　如果组织缺乏战略规划，项目将达不到预期的效果。由于缺乏战略指导，投资组合和项目的绩效衡量将无法实施（Verway 和 Comninos，2002）。

　　8.4.2.2　业务封装层

　　模型的中间是业务封装层，这一层由高管主导。它从经营和功能方面接受项目提案，按优先次序和筛选过程来考察项目。这些项目方案是为了支持组织的命令和需求而准备的，是由部门或在执行层级上提出的。

　　确定项目的优先级，再经过筛选后，会产生一个项目投资组合。主管或董事会批准这个投资组合，从而保证组织有广泛的资源。首席执行官支持整个投资组合，执行经理或高管发起人（主办者）对单个项目的所有权负责。这种所有权对于项目的成功交付极为重要。

由执行层和高管的代表组成投资组合委员会来管理项目组合。委员会的成员通常拥有完成项目所需要的组织资源，因此他们会有很强的动机确保只有经过详细审查的项目才能够被批准（Verway 和 Comninos，2002）。

8.4.2.3　项目封装层

模型的最外层是项目封装层，代表了项目的管理层。它是由项目的发起人、项目的管理者和参与项目的职能部门经理们共同主导的。正是在这一层，项目被启动、规划和执行，项目的结果融入公司中。项目经理和核心团队成员主要在这一层级从事管理活动。核心团队成员服从于项目经理的命令，他们代表了各自的职能部门。

执行委员会将使用资源的权力授予项目的发起人，发起人对执行委员会负责。项目经理管理项目的权力一部分来自发起人，一部分来自人际影响。

BFPM 的一个基本部分是项目规划过程，这个过程关注可测算的结果，而不是由团队来处理的详细计划。这些结果是由 ODPM 引导和确定的目标。它们与绩效衡量联系在一起，并指导团队的计划。项目经理和团队成员将这些结果扩展到下一个层级——可完成的任务。团队成员现在要关注的是那些可完成的工作。

项目团队成员承担着对工作进行计划以使其可实行的责任。这些可完成的任务会带来结果，这些结果又反过来对预期的业务成果做出贡献。从这个计划中可以了解到，每个个体为完成任务做了哪些贡献，以及怎样衡量个体的表现和绩效（Verway 和 Comninos，2002）。

Johnson 和 Scholes（1999）说过：

经验表明，公司层的战略和战略业务单元层的战略具有相容性。

战略业务层和公司层之间的关系通常是分离的。客户与战略业务单元订立合同，执行项目。公司法人只不过是在股票交易所登记的一个交易名称，因此在客户和公司实体之间不存在合同。然而，如果项目没有制订计划，导致了客户采取行动，那么公司通常会插手干预，尽管它没有这个义务。这是因为战略业务单元是公司的一部分，公司不想因为负面宣传而导致声誉受损。

8.4.3　业务管理团队

通常战略业务单元的主席都是公司董事会的成员，他们负责确保将公司的政策引入各自的战略业务单元中。

公司可被看做由多个战略业务单元组成，每个战略业务单元有责任维持其销售商品和提供服务方面的独立地位并保持其核心竞争力（Prahalad 和 Hamel，1998）。

8.4.4　战略业务管理职能

一般来说，战略业务经理的作用和职责如下：

● 他们负责管理和协调战略业务层上的各种问题，确保贯彻公司战略实施计划和战略业务计划。

● 他们也关注业务的宏观方面，包括：

○ 政治和经济问题；

○ 找到和开发细分市场（可填补空缺的小众市场）；

○ 业务开发；

○ 战略的可持续性或长期战略目标；

○ 利益相关者的满意度；

○ 客户或最终用户的长期需求；

○ 识别和应对战略业务风险。

从合法经营方面来说，战略业务管理者应遵守规划法规、环境限制和国家标准。在战略业务层级，管理者关注的范围更广，比如，利益相关者的安排（平衡各出资方如股东、债券持有者、银行债权人以及合同法律安排的合伙人之间的利益关系）。业务经理要确保整个战略始终符合当前的法规。战略层的环境影响评估为公众参与预防减灾决策提供了一个平台。反过来，这又促进了战略的完整性和协调性，并向利益相关者展现战略业务管理者的利益（Johnson 和 Scholes，1999）。

就风险管理而言，战略业务管理者需要考虑所有可能的风险，减缓和评价风险，并将这些作为工作进展记录下来。业务管理者关心更广范围的业务风险，比如，战略里的项目之间的互相依赖，项目的总体财务风险，任务拖延所造成的风险以及由于外部影响而引起的意外变动的风险。

在计划表和成本方面，战略业务管理者要统揽全局，认真比较不同的项目。业务管理者关注业务层级预测的全部盈亏和长期盈利能力，以及业务战略利益的实现。战略业务管理者协调战略内各项目之间的联系，协调项目设计和实施阶段的后勤与物流工作。他们也汇总和分析业务战略计划和成本的各个方面的变动。

8.5　业务战略

公司战略关注的是公司的整体，对于多元化经营的大公司而言，公司战略关注业务组合的平衡，不同的多元化战略，公司的整体结构，公司参与竞争的市场或细分市场的数量（Langford 和 Male，2001）。

然而，业务战略关注的是特定市场、行业或产品的竞争性。大公司通常都设立战略业务单元，战略业务单元有权在公司的指导下制定其自身的战略决策，这个决策针对特定的产品、市场、客户或地区。战略业务单元的运营或职能战略更加详细，集中于公司特定运营职能的生产能力，以及它们（SBU）对公司整体的贡献（Grundy，1998，2000）。

竞争性的业务战略是组织在业务层级进行定位所使用的独特方法，目的是更有效地发挥组织的能力从而在竞争者中脱颖而出。根据 Michael Porter（迈克尔·波特，1970—2002）的理论，我们认为有四个关键因素决定了业务层级竞争战略的范围，可分成内部因素和外部因素。内部因素包括组织的优势和劣势，以及在战略业务层级上关键执行人的价值观。外部因素包括经营机会、威胁、技术进步和组织运行的预期业务环境。

Porter 认为，组织的战略通常由以下四个因素决定：

- 业务范围。客户或终端用户，客户的需求，以及如何满足客户的需求。
- 资源的利用。适当地向组织提供资源，在资源领域，组织应熟练地掌握专门技能或基础知识——它独特的能力。
- 业务的协同作用。尽量使业务间的交互作用最大化，使整体的效应大于各部分之和。
- 竞争优势。它是这些资源的决定因素。

在公司层，高管制定能够平衡各项业务的公司战略。公司范围的战略注重在每个战略业务单元内创造竞争优势。业务战略关注的是公司应该在哪些市场中运营，并将相关信息传递到公司层。分支结构作为整个业务组合的一部分，每个分支有不同的战略期间，各个分支合并产生整合的公司战略（Bernes，1996）。

8.6 战略规划

战略规划主要关注战略问题，包括根据组织的整体利益设定组织的目标，然后实施相应的行动来实现这些目标。战略规划和战术计划有明显的区别，战术计划是短期的，主要涉及职能计划，与制定战略目标没有关系。战术计划在很大程度上是由职能管理部门来执行，然而战略规划由于它本身的特点，必定是由高管主导的，是高管的特权。战略规划要想有效，关键要得到高管的支持，以及公司层和战略业务单元管理层的积极参与。战略规划必须以整合的方式涵盖组织活动的所有方面。

战略规划应该是全面的，足以涵盖公司要想成功的所有主要方面，它应该具备常规的控制和监督政策（Taylor 和 Hawkins，1972）。

8.6.1　战略计划

我们认为，为使决策有效，战略计划应该包括公司整体的目标以及各个战略业务单元和项目的目标。这些目标应该既有定性的也有定量的，也应包括每项主要活动的目标。例如，营销部门的目标应该清晰地指明计划期内每种产品或服务的目标销售额/销量和相应的售价；要研究环境因素，如市场趋势、政治发展、技术和总体经济因素，这些因素都很可能影响到业务经营。战略计划应该包括对计划期内各种变化因素的预测。所有环境假设都应该得到明确的论证。这些预测和假设形成了组织的所有经营规划的基本要素，而且应该包含高管认为必需的详细知识要素。比较显而易见的要素有：

- 在最可能的社会和政治发展前景下的经济增长率；
- 全行业对该组织的产品和服务的需求；
- 全行业中各部门对该组织的产品和服务的需求；
- 可替换原材料的供货能力与成本；
- 业务竞争的影响；
- 所制造的商品的售价与质量；
- 资本投资需求；
- 资金的可获得性，包括内部的和外部的资金；
- 根据过去的经验，以风险记录的形式识别各个领域的风险。

以上这些仅仅是构建战略计划时要考虑的几类环境因素。接下来还应该考虑：

- 审查组织的现有资源，以表明组织的相对优势和劣势；
- 系统分析组织运营的约束条件，必须清晰地界定目标和约束条件；
- 制定战略和行动方案，促使组织达到它的总体财务目标。

8.6.2　战略与风险管理

大多数组织都关心风险和其回报的变动性。组织要将明确的风险管理目标融入其财务期望，这一点在战略上相当重要。例如，Metro 银行选择增加收费服务的营收比例这一财务目标，不仅是为了发掘收费服务业务的潜力，而且也是为了减轻其收入对核心存款和基于交易的产品业务的依赖。Metro 银行的核心业务的收入随着利率的变动而大幅变动。当收费服务的营收份额增加时，银行每年的收入流的变动也就降低了。因此，扩大收入来源的目标成为了增长和风险管理的目标（Kaplan 和 Norton，1996）。

8.7　识别风险

Bower 和 Merna（2002）描述了一项由美国公司在英国运营的业务，如何对于一些项目充分利用合同战略。对于我们识别出的风险，该公司认为应订立联盟合同，并将其作为一种转移已识别风险的手段，运用于未来的项目。在这种情况下，公司实施的项目是相互关联的，每个项目的风险都与时间、成本、质量和安全有关。

8.7.1　业务层的特定风险

许多战略业务单元需要借钱来为项目融资。贷款方经常要求母公司提供担保，以防战略业务单元违约。在某些情况下，战略业务单元使用公司的而非自身的损益账户来向委托人证明它的财务稳定性，业务单元自身的财力通常较弱。

8.7.2　典型的战略业务单元（SBU）组织

图8.2表明了战略业务单元、公司和项目各层级之间的关系。战略业务单元被看作是公司的下属部门，但要高于在各个业务部门运营的项目，SBU和项目都隶属于公司。

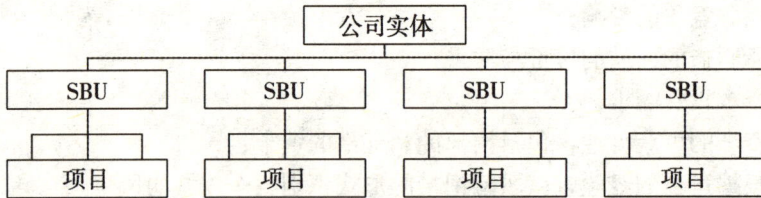

图8.2　典型的战略业务单元组织（引自 Merna，2003）

图8.3展示了具有两个业务层的组织的例子。

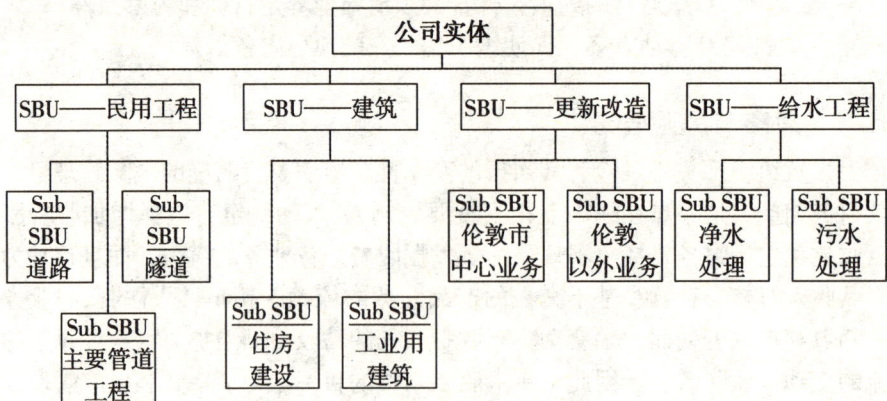

图8.3　SBU和次级战略业务单元

次级业务单元经常被看作分部，与战略业务单元一起负责业务风险的评估。如同 Langford 和 Male（2001）所述，在其他情况下，次级业务单元通常是以地区为单位来管理的。

相似的战略业务单元（可能是组织内部的 SBU，也可能是竞争者的 SBU）之间可以合资经营，Wearne 和 Wright 把合资经营的优点概括为：

- 分摊成本，分散项目、合同或新市场的风险；
- 共享技术、管理和财务资源；
- 回应委托人与单一组织交易的要求，或向委托人表明，公司在执行项目和按比例承担项目风险方面通力合作；
- 获得进入新市场的机会，或者获得被批准投标的潜在客户的名单；
- 共享合伙人的许可证、代理权、商业的或技术的专门技能；
- 利用国际合伙人、信贷优势或风险升级的教训；
- 为与客户、政府、银行、供应商或其他方的谈判奠定更有力的基础；
- 发展具有跨专业的新技能的团队。

然而，有一些风险是合资经营所固有的。Wearne 和 Wright（1998）认为，合伙人在理解或解释目标时可能会有分歧，这一点在合资公司和他方签约之前可能并不明显。合资经营面临的其他风险包括：

- 如果合资经营的目的是分摊风险，那么合作伙伴之间的利益分歧会加大；
- 合伙人对于合资项目和风险的经验是不同的，缺乏经验的合伙人很可能会低估风险；
- 合资经营的项目仅仅是每个合伙人利益的一部分；
- 联合经营活动及其风险的管理风格和体系不同于合伙人正常经营中所采用的管理方式。

合资经营可能是由于政治需要而产生的。例如，许多第三世界国家强调，国外组织要想获批进行经营活动，那就必须要有一个本国的合伙人。本国的合伙人可以帮助其减轻语言和文化障碍等方面的风险。

8.8 投资组合理论

依据《牛津英语辞典》（1989）的解释，投资组合指的是：

投资机构或个人所拥有的各种证券的集合。

《柯林斯英语词典》（1995）认为，投资者的投资组合是该投资者个人或组织所持有的总投资。对于本书来说，这些定义的范围都太窄了：第一，它们将投资组合限于证券投资；第二，它们将投资组合限制于一整套投资。我们认为，投资组合是个人或组织为避开这些限制而持有的所有投资中的任何一部分。

投资者通过多元化投资来分散风险，而不是"把所有的鸡蛋都放在一个篮子里"似的单一投资。这就是投资组合理论的基本原则（Rahman, 1997）。通过把总投资分散在几个面临不同风险的小组合中，降低其暴露于单一风险事件的程度。《经济学家》（1998）杂志以银行为例解释了投资组合理论背后隐含的思想：

如果不同的资产不可能同时遭受损失，或者，如果一些资产的价格下跌能被其他一些资产的价格上升所抵消，那么银行的总体风险就可能是低的，即使每一类单项资产的潜在损失是高的。

我们认为，战略业务单元容易遭受与上述银行风险一样的风险。一些项目将获利，一些项目盈亏平衡，有的项目将亏损。只要盈利大于亏损，这个战略业务单元就被看作是有利可图的。

8.8.1　现代投资组合理论

在现代投资理论被提出以前，Erasmus（1467—1536）曾说过：

不要把你所有的货物放在一条船上。

投资管理拓展了对金融市场的分析，有相当多的研究来量化投资组合多元化所降低的风险，以及投资者的资金如何在可投资的资产中实现最优配置。这种研究需要借助数学模型，而其潜在的假设和理论基础就是现代投资组合理论（MPT）。现代投资组合理论和投资组合理论之间的基本区别是，前者强调量化相关变量，而且只适用于金融市场中的投资。

20世纪50年代，美国经济学家哈里·马科维茨（Harry Markowitz）提出，在给定风险水平的情况下，理性投资者将选择期望回报最大化；给定期望回报水平，理性投资者将选择风险最小的投资组合。这个结论看起来很明显，但有特定的含意，Dobins等人（1994）认为：

- 风险的测量（以前被忽视）是制定投资决策的核心；
- 权衡（折中考虑）风险与回报。

投资组合分析由一整套技术组成，战略规划人员经常使用这些技术对子公司进行战略整合和管理。这些子公司通常处于不同的行业，一起组成公司整体（Langford和Male，2001）。

公司越大，就越有可能存在多个战略业务单元，这些业务单元需要被战略性地整合和管理，我们认为最主要的方法是借助投资组合分析。大型的多元化组织主要使用这种方法，这些组织要管理许多不同的业务或战略业务单元，各项业务或业务单元生产或开发不同的产品或服务。为了给在这些条件下的决策提供分析框架和随后的指导方针，许多不同的技术被开发出来，它们的使用形式与矩阵分析相同。

根据McNamee（1985）的看法，投资组合管理需要明确产品或战略业务单元的战略地位的三个基本特征：

1. 它的市场增长率。
2. 它的相对市场份额（与市场领先的公司相比）。
3. 战略业务单元经营活动的产品销售收入。

以建筑业为例，投资组合管理技术可应用于公司层级的服务产品、最终产品和多项目战略的管理。战略制定者实施情境测试，通过经济预测，以及显现或识别可能发生中断的分歧点，来创造可供选择的未来情境。也可用交叉影响分析来辅助情境测试，它考察影响事件的强度，这些影响事件要么与一种情境无关，要么提高了事件发生的概率。然而值得注意的是，情境测试必须是可靠的、有用的以及可被管理者理解的。

Witt（1999）给出了一个投资组合分析的例子。他分析了五种投资情境（场景），并识别了它们主要面临的全球风险。在这项研究中，五种投资情境分别是：

- 特许权合同下收费公路桥的建设（建筑）；
- 超级市场（零售）；
- 足球队（休闲）；
- 商业房地产（不动产）；
- 铜（商品）。

接下来在评估框架和投资组合设计机制（PDM）中处理所收集的信息。表8.2 列出了 Witt（1999）所研究的投资风险和整体风险。

表 8.2　　　　　　　　**投资风险及其描述（引自 Witt，1999）**

风险类别	风险描述	对风险的总体感知
道路桥梁		
环境	压力集团	
政治	立法对交通工具使用的影响	
法律	解决纠纷	
商业	对设施的需求的改变	中等
商业	通货膨胀	
商业	来自其他设施的竞争	
商业	利率	
零售		
法律	监管法规的改变	
法律	标准和专业化的改变	
商业	成本的增加	中等
商业	竞争	
商业	服务的质量	

续表

风险类别	风险描述	对风险的总体感知
足球队		
法律	第三方的责任	高
商业	竞争/绩效表现	
商业	赞助/电视转播权	
其他	支持	
其他	伤害	
其他	管理	
商业房地产		
法律	有关房地产的立法的变化	中等
法律	标准和规格的改变	
商业	办公空间（写字间）供给方面的竞争	
商业	对办公空间的需求	
商业	经济衰退	
商业	利率	
商业	通货膨胀	
其他	位置	
铜		
环境	采矿及加工的环境影响	高
政治	生产地所在国的政治稳定性	
政治	生产国之间的生产协议	
商业	需求	
商业	（全球）经济衰退	
商业	（全球）利率	
商业	汇率	
商业	供给	

8.8.2　矩阵系统

为了领导每个项目和及其所用的专项技术，组织和公共机构开发了所谓的管理矩阵系统，在这个系统中，职能（部门）经理和项目经理各自发挥不同的作用（Smith，1995）。

在图 8.4 所示的例子中，三个部门的资源由三个项目共享。

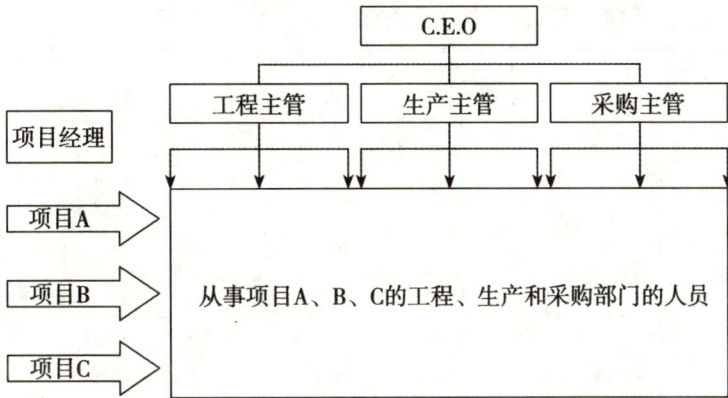

图 8.4　**部门资源的矩阵式管理**（引自 Smith，1999）

矩阵系统为雇用领导者提供了机会，他们要具备有关这两种管理角色的不同的技能与知识，但理论上项目经理和专业经理人应该影响决策。

矩阵系统涉及界定目标及其优先次序，以及项目可使用的一定数量和质量的资源。矩阵系统不必回避上述事项中的冲突。有例子表明，矩阵系统的成功取决于：

- 管理者对资源的控制；
- 项目经理的个人技能和知识；
- 对优先次序的共同规划和决策。

8.9　项目管理

英国中央计算机与电信局（CCTA，1994）把项目管理定义为：

为了达到一系列经营目标，选择和规划项目的投资组合，并在可控的环境下有效地实施这些项目，以实现经营活动的利益最大化。

Reiss（2000）认为，项目管理是关于实施战略转变和实现利益的，他认为准确的定义应该是：

通过对多个项目实施有效地变革，以实现组织的明确的并可计量的利益。

Lockitt（2000）给出了关于项目管理更长更透彻的定义，他认为：

项目管理是一系列管理活动和过程，它在当前组织内和计划的时间、成本约束下，促成新的战略举措的诠释、转化、排序、平衡和整合，从而降低风险，实现组织利益的最大化。

出于本书的目的，我们认为 CCTA 的定义最恰当。不过这个定义的实施要通过使用管理模板（指南）来促进技术应用。

项目管理有一套专门的技术和方法来管理复杂易变的项目。有效的项目管理

的关键组成部分是那些执行规程所需要的基本构建模块（Sandvold，1998）

图 8.5 说明了项目管理的关键组成部分。

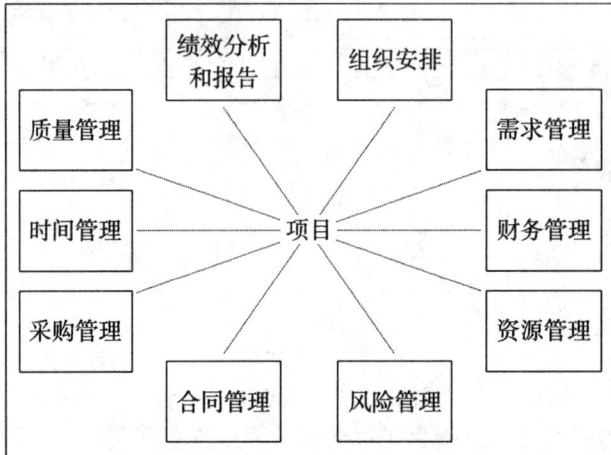

图 8.5 项目管理的关键组成部分（引自 Sandvold，1998）

根据 Sandvold（1998），这些关键组成部分叙述如下：

- 组织安排——界定和维持项目管理的环境。

- 需求管理——跟踪需求及其转变，这包括塑造项目/发布和执行发布管理。[①]

- 财务管理——为建立和维持有效的财务规划和呈报而必需的政策、程序、实践、技术和工具。

- 资源管理——在项目的寿命期内对所有资源的指导和协调。

- 风险管理——系统性地识别、分析和积极应对现实的和预期的风险、争论点和问题，这些风险和问题将贯穿项目的整个生命周期。

- 合同管理——组织、程序和功能性的任务、政策和做法，处理（项目和其供应商之间所签订的）合同的商业、法律、行政管理和货币等日常事项。

- 采购管理——为项目购置服务、劳动力、商品、有形厂房和设备、经营设备、原材料、已完工的组件和设备以及软件。

- 时间管理——在项目生命周期的各个阶段，使用指南、技术、知识和工具，建立和维持合理的时间和精力分配模式。时间规划、估计的标准和指南、供应商和第三方的投入、日程安排指南以及控制技术，都可用来确保迅速、优质地完成项目的目的和目标，满足公司的要求。

- 质量管理——技术和管理标准、程序、过程和实践的综合，对于每个人充分完成和超越项目的使命、目标、需求和预期是必要的。

---

① 译者注：发布管理指的是分发和宣传的管理流程。

● 绩效分析和报告——为建立和维持项目寿命周期内的绩效分析和报告，必须有足够的规程、技术、工具和系统。

8.10　业务风险战略

每个业务单元都必须向公司董事会提交其战略和经营计划的总结。这就是所谓的"五年期承诺"（FYC）。所有业务的五年期承诺结合起来要达到公司的目标。五年期承诺是五年的经营计划，它每年更新并逐年向前推移。战略业务单元将更新或增加更多的问题和承诺，包括对业务风险的记录，这个风险记录所涵盖的要点与公司风险战略所涵盖的相类似。

8.11　战略业务单元层级使用的工具

在战略业务单元层级使用的工具和信息与在公司层级使用的相似。业务单元战略源于公司战略，仍然与生存发展和增加价值有关，但注重的是特定市场区域。业务单元通常是相似项目的组合。

从差别角度看，战略业务单元的所有者和支持者是与公司董事会有经常联系的高级主管。核心高管和项目经理考虑来自于客户、合作伙伴和供应商的投入，现在这一点变得更重要，这是因为他们之间的接触越来越紧密。主要的决策必须要经常与董事会沟通才有可能被批准。

业务单元关注市场，但还要超越当前的项目组合去寻找新的机会。现在它的职能范围包括审查和控制单个项目，遵循公司的战略决策。

评估战略业务单元时，会使用许多相同的信息；然而，管理者更关注特定市场区域的细节信息。PEST 和 SWOT 这类识别工具适于评估业务单元。此外，健康和安全管理以及环境管理系统会识别一些风险，这些风险对于市场上所有项目来说是普遍的，特别是那些与生产过程和方法相联系的风险，比如，镀铬、有毒废弃物的排放和工作条件。

8.12　战略业务风险：总体看法

公司要在当前的市场中生存和发展，其业务就要具备成本效益性、竞争性和灵活性。这就需要有效的经营计划，经营计划包括支持长期目标的战略计划，支持常变的经营需求和优先次序的战术计划以及相关的风险。

这里的一个关键因素是协同效应，它产生于业务经营、相关的信息系统和技术架构之间。另一个更关键的因素是理解和处理法律、环境、技术等的变动对组织的业务经营的影响。

8.13　本章小结

战略业务层关注公司内部的运营单位在特定市场上的竞争。战略业务单元在公司层级创设，可被归入公司内，它的战略被视为整个组织的战略的一部分。

战略业务单元应监控其内部的所有项目。发生在某个项目中的风险可能不会发生在相似的项目中，但是这些风险可能影响战略业务单元的财务稳定性。在战略业务层级认识到项目过去和现在的所有风险，这一点很重要。

风险管理程序应被整合到组织的总体业务或财务战略中。风险管理不应采取临时抱佛脚的方式，不应委派对此不熟悉或未参与制定组织的全面战略的员工从事风险管理。

本章定义了业务和战略业务单元，考察了战略模型（如封装模型）、投资组合理论、矩阵系统和项目管理。本章还涉及业务战略、业务管理团队的职能、战略规划和营业风险等内容。

第 **9** 章 项目层的风险管理

9.1 引言

今天，许多企业的发展和长期盈利都依靠以项目为基础的活动。持续经营对于企业来说固然重要，但处于风口浪尖的还属项目。这就是项目管理在任何企业中都是作为一个重要而关键的部分出现的原因。

本章描述了项目管理是如何发展的，项目管理团队的职能和目标，以及项目风险管理的概念。本章也介绍了项目所面临的各种风险。

9.2 项目管理的历史

项目管理的现代形式在近几十年前才出现雏形。20 世纪 60 年代早期，企业，尤其是战略业务单元和其他组织开始看到以项目为中心来组织工作所带来的收益，懂得了对沟通的强烈需求，并开始整合多个部门和专业的工作。

9.2.1 早期：19 世纪晚期

在 19 世纪后半叶，商界的日益复杂性促使项目管理的原理进一步发展。大规模的政府项目是做出重要管理决策的推动力。企业领导者发现，他们经常遇到组织员工制造以及装配前缺乏大量原材料等棘手的工作（Turner 和 Simister，2000）。

9.2.2 20 世纪早期的努力

20 世纪之交，Frederick Taylor（1856—1915）展开了具体的研究。他将科学理性应用到工人的工作中，表明工作可以被分析和改进，方法是专注于工作的基础部分。他把这一思想应用于钢铁厂的工作中，比如铲沙子、升高及移动部件等。在此之前，提高生产力的唯一办法就是要求工人从事更艰苦、更长时间的工作。费城泰勒（Taylor）墓碑上的题词证明了他在管理历史中的地位"科学管理之父"。

泰勒的助手亨利·甘特（Henry Gantt）（1861—1919）细致地研究了工作中的操作顺序，他的管理研究着眼于第一次世界大战（1914—1918）中海军舰船的建造。他借助图表、任务条形图和重大事件标记符号，勾勒了工作进程中所有任务的顺序和持续期。近百年来，甘特图（Gantt chart）实际上几乎一直未变，证明它是管理者的一个有力的分析工具。直到20世纪70年代早期，才在这些任务条形图中加入连接线，以便更加精确地描述各项任务之间的依赖关系。

泰勒和甘特以及其他人将管理工作发展成为一种明确的企业职能，它需要研究和训练。在此后到第二次世界大战（1939—1945）的数十年中，营销方法、产业心理学和人际关系开始成为企业管理的一部分。

9.2.3　20世纪中期的成就

第二次世界大战之后，项目的复杂性和战时劳动力的锐减要求产生新型的组织结构。被称作PERT（项目评估和审查技术）的复杂网状图和关键路径分析方法被引入，管理者借此能够更好地控制那些工程量巨大且极端复杂的项目（比如武器系统，其任务极其多样化，危险性很大，在许多时点存在众多的交互作用）。

随着管理者寻求新的管理策略、工具和技术，以应对企业在变化多端和竞争的环境中的成长问题，这些技术很快被推广到各种行业中。在20世纪60年代初，科学的一般系统理论开始被应用于企业间的互动中。

9.2.4　20世纪后期的成就

将企业看做人的有机体的这种观点表明，企业要想存续并兴旺发展，它所有的职能部门一定要朝向明确的目标共同努力。在接下来的10年内，这种项目管理方法的现代形式开始落地生根。这一期间演变出各种不同形式的商业模式，但它们都有共同的基础结构（特别是较大规模的企业）：那就是，项目经理管理项目，他组织一个团队，确保不同部门之间工作流程水平地整合和沟通。

现代项目管理是战略性的，是在全公司范围内对所有变化进行管理的方法。尽管它以传统的项目管理原理为支撑，但它的应用、概念和方法更为广泛。现代项目管理范式的核心是Lane（1993）所提出的项目的定义：

项目是在组织内处理业务变化的工具。

根据这个定义，现代项目管理适用的一些活动不再是传统视角下的项目工作，而是诸如制定使命和战略、教育和培训以及组织结构再造这样的任务。

9.3　定义

项目是为了达到明确的目标而对资源的特定投资。项目是为了获取利润或为社区提供服务而生产商品或提供劳务。项目本身有一个生命周期和确定的起始、结束时间，是不可逆转的。任何组织都要具备管理技能，以持续地管理组织。根据 PMBOK（1996）：

项目管理是在规定的时间、成本和绩效内，计划、组织、监控项目的各个方面以及推动所有参与者安全地完成项目的目标。

项目管理需要预测未来需求和风险，沟通计划和优先次序，预计问题，评估进展和趋势，保证质量和货币价值，并根据达到目标的需要而改变计划（Smith，1995）。

项目管理通过组织和控制资源，创造合适的条件以达成特定的目标（Elbing，2000）。每个项目都在某些方面具有独特的基本特性。这些特性包括目标、价值、时间安排、范围、规模、功能、绩效标准、资源、材料、产品、过程和定义项目的其他物理参数。

项目管理是项目组织结构的核心，所有的信息传递都经由项目管理环节。在项目管理方面，通常大项目的客户（或委托人）与小的重复项目的客户相比，没有经验或经验不足。项目管理的主要任务是在项目的生命周期内引导客户，代表客户完成项目。

9.4 项目管理的职能

Turner（1994）对于项目管理的未来前景十分乐观，认识到了未来的变化。在这个充满挑战和变动的环境中，项目管理已经作为一门学科出现，能为管理者提供成功所必需的竞争优势。新一代的项目经理被自然地看做销售员，他能建立和谐的客户关系，与利益相关者发展可信任的关系。除了一些与项目经理的成功有关的明显因素——个人的承诺、能力和热情——似乎更重要的是，成功的管理者必须表现出对看见他人成功的渴望（Clarke，1993）。

项目经理的职责是广泛的，可分为三类：对上级组织的责任、对项目和客户的责任、对项目团队成员的责任。对战略业务单元本身的责任包括：恰当合理地保护资源，及时准确地沟通，谨慎称职地管理项目。非常重要的一点是，要让上级组织的高管充分地了解项目的现状、成本、时间安排和前景。项目经理应该注意到预算超支或项目延迟的风险，并使用可行的方法降低这些可怕事件发生的可能性。如果项目经理要维持可信度，保护公司和战略业务单元远离高风险，并且希望高管在必要时进行调解，那么报告就必须是准确的和及时的。

对项目经理来说，沟通是一个关键要素。运营项目需要不断地销售、转售和向公司、战略业务单元、高管、职能部门、客户、项目的所有其他利益相关方以及项目团队本身的成员解释和说明项目。项目经理是项目与外界的联络者，他必须能够解决问题，减缓项目团队成员之间的人际冲突。实际上，项目经理要对项目的所有利益相关者负责。

对项目的控制通常是通过人来实施的。组织中的高管听命于 CEO（首席执行官），CEO 是由执行委员会和/或董事会这样的团体直接领导的。高管转而控制项目经理，项目经理控制项目团队。这会产生某种程度的含糊性，而且人们时不时会犯错。因此，重要的是建立有效的沟通控制标准和程序。

根据 Turner 和 Simister（2000）的叙述，项目经理的作用和责任如下：

- 项目经理有责任管理和协调项目遇到的各种问题，与战略业务经理携手合作，保证一贯地遵循项目战略实施计划。
- 项目经理要以项目为导向，集中关注项目，例如，考虑每个项目的细微方面，诸如单个项目在项目期限内交付的机制、成本预算和交付的质量。
- 在法律方面，项目经理应该遵守规划法规、环境限制和标准。
- 在此，项目经理将采用针对业务层级的标准的法律要求，但要适当修改，以使其适应每一个项目。
- 就风险管理而言，项目经理需要考虑所有可能的风险，减缓和审查评价风险，并作为工作进程用文件记录对风险的管理。
- 项目经理要评估单个项目的风险，如果风险对整体战略和成本的影响是可以预见的，那么项目经理要将其上报给上一级的业务经理。
- 项目经理要使用工具和技术来考察和分析单个项目的计划安排和成本。
- 项目经理关心个体的盈利能力。
- 项目经理协调和衔接项目的各个阶段。
- 在成本、时间和质量的限制下完成工作。
- 成本计划和成本控制必须与分配给每个项目的预算相一致。
- 项目经理应密切监控项目的变化，在必要时向业务层上报。

图 9.1 表明了在项目层由项目管理团队执行的典型的项目管理职能，不同的职能取决于项目的类型。通常由项目经理和战略业务单元一起来监控这些职能的执行。

图 9.2 描绘了某建筑公司的现场项目管理团队的垂直层级，所有的团队成员通过不同的路径向项目经理报告，项目经理再报告给战略业务单元。

9.4.1　项目团队

项目团队是由来自不同的组织单位的人员组成的，他们要以宽容和相互理解的态度共同工作。

项目经理和基层管理者之间的关系很重要。通常在现行的层级组织中，组织单位的领导要高于项目经理，他们并不想（像他们应该做的那样）合作，他们想拥有独自决定事务的权力，尽管那些事务不在其能力胜任范围之内。如果得不到他们想要的，他们就会通过消极应付或反对来阻碍项目。项目团队中处于较高层级的成员有时不允许某些项目经理汇报他们的工作，也不允许其向高管汇报（Field 和 Keller，1999）。

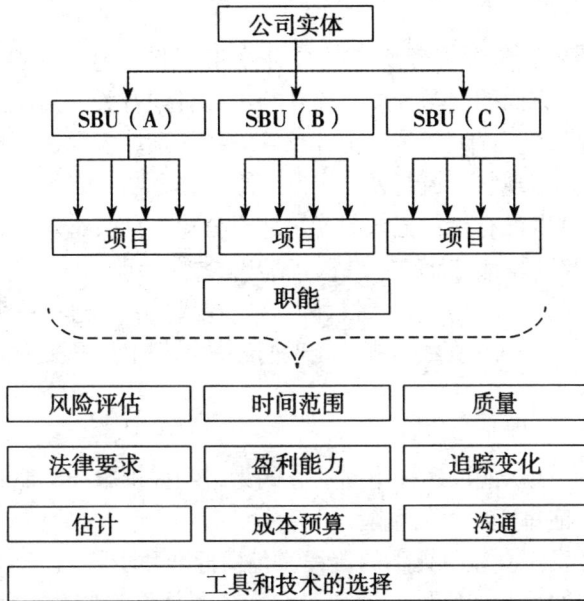

图 9.1　典型的项目管理职能（Merna，2003）

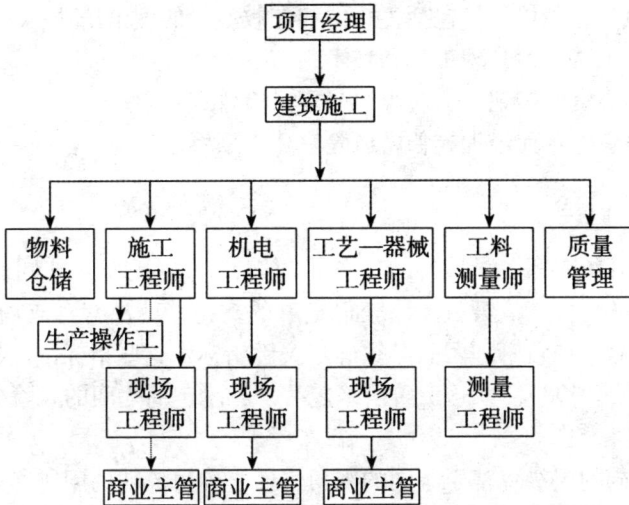

图 9.2　多层级的施工项目的典型架构

下面列示的是项目团队中的代表性成员及其职责：

• 项目工程师。负责产品设计和开发，并且负责功能分析、设计说明、图纸、成本估算、质量／可靠性、工程变更和相关文件的制作。

• 流程制造工程师。其任务是对项目工程师设计的产品或流程进行有效的生产，包括对制造、工艺、设计和生产、生产日程表和其他生产任务的责任。

• 全权现场经理。产品一旦被交付给客户，现场经理要负责安装、调试和服务支持。

- 合同管理者。负责管理所有的公务文书工作，追踪客户的变化、账单、疑问、投诉、法律方面的问题、成本以及与项目合同有关的其他方面事项。

- 项目主计长（会计主管）。主计长管理日常预算账户、成本差异、人工费用、项目供应和资本现状。控制者也定期汇报工作，与项目经理和公司主计长保持联系。如果管理者没有执行记账职能，那么公司主计长将发挥这一功能。

- 服务支持经理。负责产品支持、转包、数据处理和一般管理支持职能。

值得注意的是，并不是所有项目都需要上述人员，不过一些大项目需要这些人中的大部分，管理较小项目的项目经理们经常承担上述几乎所有角色和任务。

9.4.2 项目风险评估团队

项目风险评估团队能以多种不同的方式为组织提供服务，他们能够：

- 恰当地评估每个项目的风险；
- 为组织开发一套风险评估的流程，包括标准和步骤；
- 为组织中的参与者提供指导和咨询服务，他们需要关于适当的风险评估实践的指导；
- 提供风险管理培训，包括正式的和在教室中的理论培训；
- 选择和维持风险管理工具和技术；
- 作为中心资源知识库，向组织分配风险管理资源；
- 与战略业务单元经理或首席风险官建立联系。

9.4.3 项目目标

在项目的开始阶段，最重要的任务是与客户（委托人）共同商定项目的目标。没有既定的目标，决策就无法获得足够的支持，就没有对成功的衡量标准。确定了目标之后，项目管理团队必须确定关键指标，这些指标可以控制项目的成功实现（Gorog，1998）。在这个阶段确定客户和承包商之间的风险分担也是非常重要的。

可以在不同的层级或基于不同的视角来回答项目成功的问题。如果项目的参与者，如承包商、建筑师或顾问，获得合理的利润，那么对这一方来说这个项目是成功的。从项目管理的角度来看，项目的成功就是在预算约束内按照要求的规格和时间进度完成项目。项目必须使客户满意（Fachtagung Projektmanagement，1998）。

对投资者而言，衡量其成功的依据是投资回报。当然也有其他衡量成功的方法。如果项目很好地服务了大众，它也是一种成功，在某种程度上这种成功与成本和完工时间无关，例如，泰晤士河水闸和悉尼歌剧院项目（Morris 和 Hough，1987）。

9.5 项目战略分析

项目管理中，在估计任务持续期和成本时，普遍的做法是假定相关信息都是确定可知的。由于项目经理或战略业务单元经理任意削减预算和期限、提高规格，项目工作人员有时会夸大时限和成本费用、压低规格，因此处理这类问题就如同对待对手，在管理冲突下决策。

事实上，大多数在管理项目的过程中形成的决策都是在不确定的条件下做出的。许多项目经理通常认为，在风险条件下做出的决定能更好地发挥作用。这通常需要估计各种结果出现的可能性。如果项目经理使用合适的方法进行估计，那么他们就可运用其所拥有的知识和技能来解决项目决策问题。

项目风险管理是一个过程，这个过程能够分析和管理与项目有关的风险。适当地管理风险会增加项目成功（在成本、时间和绩效目标等方面）的可能性。然而要指出的是，没有两个完全相同的项目，这就产生了分析和解决纷争的难题。在大多数情况下，特定项目、行业或工作环境中出现的问题都是独特的。因此，处理项目风险不同于那些有足够数据可进行精算处理的情形（Gareis，1998）。

在项目层，第一步是要认识到，风险是作为不确定性的结果而存在的。在所有项目中，存在不同类型的风险：

- 一项仍有待验证的技术（技术革新风险）；
- 缺乏必要的资源；
- 劳资关系问题；
- 财务管理中的含糊性。

项目风险管理是一个过程，这个过程被设计用来消除或降低威胁项目目标完成的风险，重要的是，管理者把风险管理看作整个管理过程不可或缺的一部分，而不仅仅当作一套工具和技术。

9.6 为什么对项目进行风险管理

使用项目风险管理是有很多原因的，最主要的原因是，它提供的显著的利益远远多于使用它而付出的成本。

Turner 和 Simister（2000）认为，从使用项目风险管理技术中获得的好处不仅服务于项目本身，而且也惠及其他方，如组织整体及其客户们。下面列出了项目风险管理带来的主要好处：

- 在成本估算和时间进度方面，可增加对项目的了解，从而制订更现实的计划；

- 能更好地认识项目中的风险及其可能产生的影响，使组织的风险最小化，最合理地分配风险，以便组织更好地处理和控制风险；
- 进一步理解项目中的风险如何与更合适类型的合同相匹配；
- 它可给出关于项目风险的独立看法，这有助于证明决策的合理性，并能促使风险管理更有效率和效果；
- 项目风险的知识可以用来评估实际反映了风险的意外事件，拒绝财务上不可行的项目；
- 可强化好的运气、好的管理与坏的运气、经营不善之间的差别。

项目风险管理的受益者包括：

- 公司和战略业务单元的高管，他们在考虑批准资本性支出和资本预算时，了解拟投资项目的风险是重要的；
- 委托人，当他们需要项目风险管理并负担得起相应成本时，他们更容易得到他们想要的；
- 想提高工作质量的项目管理团队。它有助于达成项目管理的目标，如成本、时间和绩效目标；
- 项目或投资涉及的利益相关者。

项目风险管理应该是一个持续的过程，它可以开始于项目生命周期的任何早期阶段，一直持续至使用它的成本大于将获得的潜在收益为止。我们认为，在项目一开始就进行风险管理会更有效，因为项目风险管理的效果和影响随着项目在寿命期内的进展而逐渐变小。

Norris 等人（2000）认为，项目风险管理可以实现特定利益，这包括如下五个要点：

1. 可行性研究。在这个阶段，项目是最有弹性的，能以相对较低的成本费用来达到降低风险的目的。它有助于在项目的各种实施方案之间做出抉择。

2. 项目的批准。委托人可以利用这点来考察与项目有关的风险暴露，检查用以降低或管理风险的所有可能步骤是否已实施。如果已经着手做定量分析，则委托人可了解实现项目目标（成本、时间和绩效）的概率。

3. 投标。承包商利用投标来确保所有风险都已经被识别，帮助它设定风险应急预案或检查风险暴露。

4. 事后投标。委托人利用事后投标来确定承包商已经识别所有风险，来评估中标项目被完成的可能性。

5. 实施期间的间隔期。如果所有风险已被识别并且在其发生时被恰当地管理，这有助于提高在成本和时间限度方面完成项目的可能性。

许多项目管理过程把相当大的工作重心放在量化风险上，尽管有很多证据表明这如同一些高管忽视数据仅凭直觉一样是错误的（Traynor，1990）。将重心放在风险的量化过程上，有可能导致管理者忽视其他领域更困难或无法量化的风险，从而在很大程度上忽视了风险。

9.7　识别风险

在新项目的开始阶段，如果能准确地预测到绩效、时间和成本目标是怎样实现的，那将是非常有帮助的。在有些项目中，可能会产生合理准确的预测。然而，项目越大，这些预测通常就越不准确。组织要完成项目的目标具有很大的不确定性。

随着项目接近完成，这种不确定性也逐渐减小。从项目开始时，不确定性的范围一直在增大，直到对项目的估计结束为止，不确定性的范围变为最大。随着项目的进展，关于最终结果的不确定性逐渐降低。不管怎样，项目进展越快，达到最终目标的不确定性就越小。

项目经理要很好地了解项目中的利益相关者及其权利。项目的大多数参与者必须达成一致意见。通常这不容易做到，因为利益相关者之间有利益冲突。重要的是，项目经理要不断地分析利益相关者的地位、他们的期望、需求和可预见的反应。如果利益相关者认为他们只能合作一次，那么要实现创造性的合作就很困难了（Simon 等，1997）。

9.7.1　项目层的特有风险

项目经理要应付不同的文化和不同的环境。不同的行业就像不同的地区和国家一样，有不同的文化和环境。"文化"一词指的是一群人的整体生活方式，它包含生活中的每一个方面，并且所有的文化都有四个共同的组成部分：技术、制度、语言和艺术（Turner 和 Simister，2000）。

一种文化的技术包括诸如人们使用的工具、生产和使用的材料、准备食物的方法、工作的技能和对待工作的态度之类的事物。技术包含他们的物质生活的所有方面（Haynes，1990）。

文化中的制度组成了社会的结构（The Economist，2001）。制度包含了政府组织、家庭特性、宗教的组织方式以及宗教教义的内容、劳动的分工、所采用的经济体系、教育体系、形成和维持自愿组织的方式等等。

语言是所有文化中的另一个组成部分。一直以来，一种文化所对应的语言是独一无二的，因为语言的发展是要满足表达文化的需要。一种语言很难被精确地翻译成另一种语言。词语既具有内涵意义，又有外延指示意义。单词"苹果"可能表示一种水果、行贿、老师、纽约城、一种颜色、一台计算机、偏爱、心中挚爱等含义，也可以表示其他一些事物（Johnson 和 Scholes，1999）。

最后，文化的艺术或审美价值在沟通方面同文化的语言一样重要。如果沟通是文化融合的粘合剂，艺术则是最重要的沟通方式。审美价值决定了什么是美丽的和令人满意的。如果社会表现出某种风格，那么这种风格源于文化的审美价值（Jaafari，2001）。

9.7.2 在项目层评估哪些风险

项目审计是对项目管理的仔细审查，包括它的方法论和程序、它的记录、财产、预算和支出、完工程度等。可以审计整个项目，也可以仅审计项目的一部分。正式的审计报告应该包括以下几点：

- 项目的当前状况。实际工作达到计划的完工进度了吗？
- 未来状况。计划安排可能发生重大变动吗？如果可能变动，标示这些变动的性质。
- 关键任务的状况。可决定项目成败的关键任务进展如何？
- 风险评估。造成项目失败或亏损的潜在因素是什么？
- 有关其他项目的信息。从被审计的项目中得出的哪些教训可应用于组织正在从事的其他项目中？
- 审计的局限。什么样的假设或限制影响审计的数据？
- 工具和技术。在项目层级使用什么工具和技术？

值得注意的是，项目审计不是财务审计。项目审计的范围更宽泛，可以审计整个项目，也可以审计项目中有效的组成部分。项目审计可能与项目管理的一部分有关。也要注意到，项目审计不是传统的管理审计。管理审计主要关注公司的管理系统存在与否和是否有效运行。项目审计超越了这些，除此之外，它意味着确保项目被恰当地管理。有些管理系统能够很好地应用于所有项目。例如，提供规划、进度安排、预算和风险管理的技术（Turner 和 Simister，2000）。

我们也认为，在项目层的风险管理中，退出风险起着关键作用。这些是在项目生命周期结束时与工厂或机器设备的处置有关的风险。例如，核电站被拆除时，要做哪些工作？退出运营的成本是什么？对环境有何影响？哪些利益相关者受到影响？怎样影响的？

Cooper 和 Chapman（1987a，b）认为，当项目包含下列事项时，对强化风险评估的需求是显而易见的：

- 大的资本支出；
- 在获得任何回报之前，要求投入总投资的大部分资金，从而产生不平衡的现金流；
- 重要的新技术；
- 不寻常的法律、保险或合同安排；
- 重要的政治、经济或财务参数；
- 敏感的环境或安全问题；
- 严格的管制或许可要求。

上述所有参数或者部分参数的组合对于项目战略具有重要的意义。我们也认为，项目中所有的已识别风险要有一个统一的评估基础，这一基础不可避免地涉及成本和时间。

图 9.3 绘出了基于项目各个阶段的风险水平曲线。如图所示，在项目周期的早期阶段存在更大的风险，可以推断，风险管理的重点应该集中在早期阶段，因为它能提供更大的收益（Merna 和 Owen，1998）。

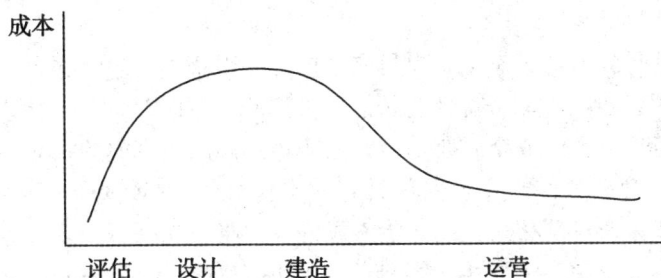

图 9.3　项目的风险周期

不大可能获得精确的定量数据。可使用一些技术（如德尔菲法、标杆管理和访谈）来得到概率和影响的定性排序和定量范围估计。当事人分散于各地时，这些工具尤其有用。

最大的改变是在项目层。项目战略计划关注的是，怎样管理影响项目成功的各种宏观环境因素和微观因素以实现业务单元战略设定的目标。

在项目的可行性分析阶段，定性风险分析和定量敏感性分析是合适的。界定项目进程和项目网络后，可以运用计算机建模技术（如蒙特卡罗模拟）进行分析，它的主要优点是考虑了变量的联合影响，产生对主要战略目标的累积频率预测。这种技术对于选择减缓风险的行动特别有用，因为可以方便地通过重新运行修改后的模型来预测这些行动的影响。

9.7.3　项目经理及其对风险的看法

人们评估风险的方法各不相同；有一种转移风险偏好的趋势，这种偏好取决于预算、资源和首席执行官的个性。我们认为，管理者先前在风险评估方面的经验，在其如何应对已识别和量化的风险中起到重要作用。有关风险估计的过度自信是个人怎样看待风险的另一个因素。总之，个人不善于评估风险。经验、主观性和框定风险的方法在项目经理的感知中起着重要作用，这些对于项目管理都是不利的。

与人有关的风险问题经常被归到人力资源管理中，而忽视了它是一个风险因素，结果从项目风险管理中排除了很大程度的风险评估因素。因人为因素而形成的项目的不确定性可分成两个主要领域：关于有效的管理能力和实践的人力资源管理问题，以及与项目和其相伴风险有关的利益相关者视角（Oldfield 和 Ocock，1999）。

有效管理实践的重要性通常已经引起了关注，主要的担心集中于领导不力、缺乏沟通、缺乏必要资源的供应、资源的使用不充分、超负荷工作、缺少知识、缺少决策的权力，以及不能准确地估计任务和过程。认识到这些方面的问题，有助于项目经理制定决策并提高管理过程的质量和效率（Oldfield 和 Ocock，1999）。

在许多项目失败的案例中，项目团队内部可以获得与风险和问题有关的必要信息，但管理层却经常无法得到这些信息（Oldfield 和 Ocock，1999）。项目风险管理过程中普遍存在的一个问题是，需要确定不同风险来源的相对重要性，以指导后续的风险管理工作，并确保其具有成本效益性。Chapman 和 Ward（1997）认为，使用概率影响网格来识别风险来源的技术将最受瞩目，尤其重要的是，它可分清影响的大小和影响发生的可能性，合理应对（风险）的范围和可用于应对的时间。

9.8　项目风险战略

从预先的投标到售后市场，风险管理的使用贯穿项目的整个生命周期。

风险管理计划是识别和控制项目生命周期内的业务、技术、财务和商业风险的过程，这是通过消除或降低事件发生的可能性和一些威胁所导致的潜在影响来实现的。对于商业企业而言，对项目结果的影响是用成本来表达的。财务影响因而成为衡量风险的基准。有时间限度的风险将被转换为成本。如果需要，可在项目的早期提高准备金。重要的是要记住，战略项目规划是项目管理最佳实践文化和公司战略、目的、目标的有效实施这两者之间的协同作用的结果（Blanden，2002）。

9.9　项目风险管理的前景

项目管理职业正经历着巨大的转变——发展的和革命性的。这些改变一部分是内部驱动的，而很多是外部因素驱动的。

在讨论项目管理的前景问题时，Turner（1994）把风险管理研究作为学术研究（向期刊提交论文）的新兴领域。有人或许会说，技术专家领域必定会有深远的发展。项目经理的角色几乎肯定会从扮演项目协调者的技术专家转变成变革的推动者。这些项目经理履行的职能（通过对项目的所有利益相关者的管理）对于各行业组织的生存发展将起到越来越重要的作用。此外，还要寻找新的管理结构（Maylor，1996）。

9.10　本章小结

项目是独特和新颖的，是为了实现企业的发展目标而进行的短暂努力。虽然如此，我们仍然认为，不管项目如何，长期目标总是为了获利的。

本章概述了项目管理的发展历史和它的职能，强调了项目管理和管理团队的重要性。本章还讨论了项目风险、项目经理自身的风险以及项目风险战略等问题。

第 **10** 章 公司层、战略业务层 和项目层的风险管理

10.1 引言

前面的章节讨论了风险管理的工具和技术、利益相关者的参与和公司组织结构。本章将介绍一个模型，这个模型表明了风险评估、风险管理技术以及利益相关者在公司各个层级（公司层、战略业务层和项目层）的参与这三个模块的顺序。

10.2 风险管理

图 10.1 表明了典型的组织结构的各个层级，这种层级结构使得风险管理能够集中于各个层级。可以对这些层级上的风险分类，这些风险能在组织结构的任何层级出现。应该确定项目投资对其最敏感的风险，以便适当地制定和实施风险应对战略，从而使所有的利益相关者受益。

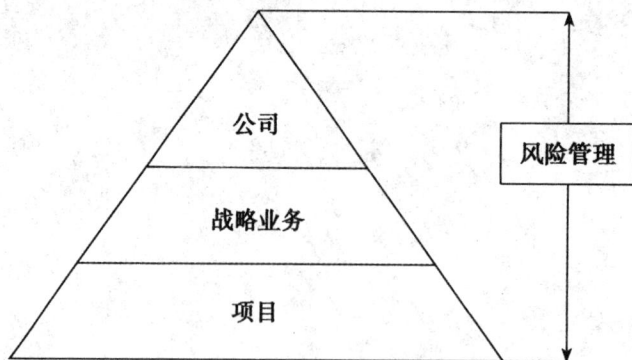

图 10.1 典型的公司组织层级

虽然不同层级之间的信息流动不必总是从上到下或者从下至上，但每个层级都应该有内部风险管理（Merna, 2003）。每个层级风险的识别取决于投资时获得的信息，得到的信息越多，对风险的了解就越详细。

很多时候，决策仅仅依赖于定性估计。有时，决策的制定依据定量估计，而

这种定量估计又是基于一些度量指标（如 IRR、NPV）的计算。

10.3　风险管理过程

图 10.2 概念性地勾画了风险管理的过程。风险管理是从组织的各个视角考察和管理风险，即战略、战术和经营的视角。由组织中对每个组织视角负责的层级来实施必要的分析。

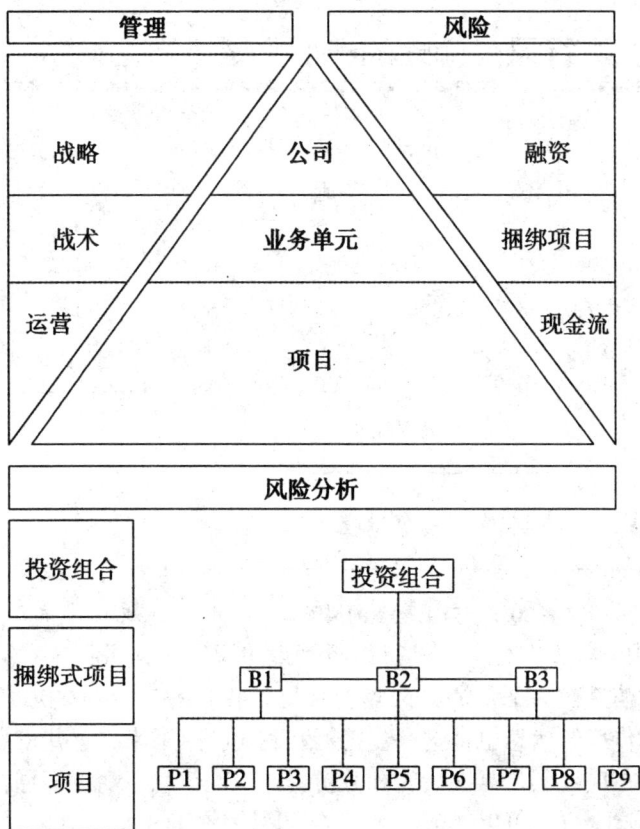

图 10.2　风险管理过程/结构

组织的不同层级有不同的目标。风险管理过程通常将经营过程分成多个层级，这些层级共同组成了组织（典型的是前面提及的三个层级）。首先，利用风险识别技术（见第 4 章）确定每个层级的特有风险，并记录风险。然后，组织的各个层级对已识别的风险进行分析，制定对策和确定应急（意外）费用。

组织内单独的一个部门汇总和控制各层级已识别的风险。这个部门既可对单独项目，也可对捆绑项目（项目组合）进行风险管理分析。

风险管理在投资的整个寿命周期中应该是连续的过程。

许多项目管理过程在量化风险上加大力度。然而，战略业务层和公司层的风险很大一部分是不可计量的，适合不太正式的风险管理。对风险量化过程的强调，通常会使公司层和战略业务层的管理者忽视其他类型更难以计量或无法计量的风险。

要承认和协调所有利益相关者的要求，找到一个利益平衡点，达成共识。由于利益相关者之间的利益冲突，这不是一件简单的事情。重要的是，要不断地分析利益相关者的立场，尽可能地满足他们的期望。

10.4 组织进行风险管理的一般方法

风险管理可采用自上至下的方法，如图 10.3 所示，这种方法起始于公司层，在战略业务层巩固和合并，在项目层实施。

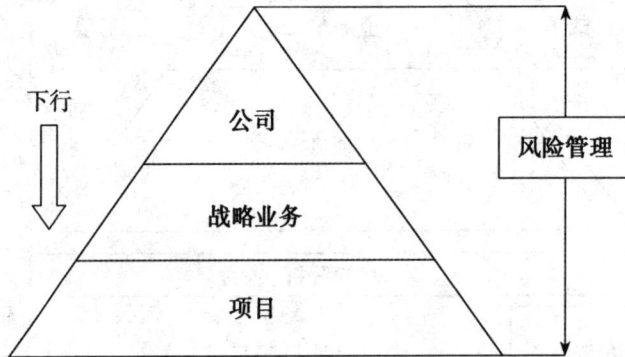

图 10.3 自上至下的风险管理（Merna，2003）

图 10.3 中，首先在公司层进行风险管理的识别、分析和应对。这通常是定性分析。然后信息被向下传递到战略业务层，在这一层进行更加具体的风险分析，从公司层传来的信息也被进一步挖掘和利用。接下来，这些信息被传递到组织的项目层。在项目层，再次集中和分析更深入的信息。随着信息在组织中自上至下的传递，这个过程可以形成一个完整的风险评估。

但是，这个过程不能将风险评估的结果和信息从项目层传递到战略业务层和公司层。这个模型的缺陷包括：层与层间的沟通困难，很难知道每个层级进行什么样的风险评估，难以更新模型（因为它不是一个连续的过程），战略业务层和项目层发现的不确定（含糊）事项难以传递给公司层（由于没有合适的传递程序）。

图 10.4 解释了由下而上的风险评估方法。在这个方法中，风险管理始于项目层，在这里，项目层的评估更加详细。评估结果被传递到战略业务层，然后再传递到公司层。随着评估结果在组织中的传递，战略业务层或公司层的风险评估会更加具体详尽。

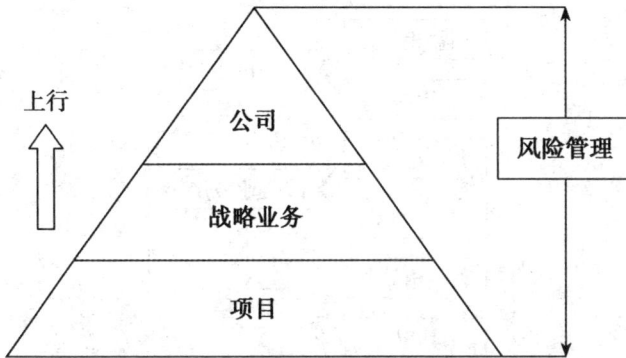

图 10.4　由下而上的风险管理（Merna，2003）

这种方法不能将风险评估结果和信息在组织中由上向下传递，和自上至下的风险管理方法有相同的缺陷。

由下而上和自上至下这两种模型都可提供对每个层级的风险记录，但都不能提供在一个层级管理的全面风险记录。

我们认为，虽然对公司层的风险评估不太详尽，但是公司层风险的影响要比战略业务层和项目层的风险评估的影响重要得多。许多在公司层识别的风险是全球性的或不可控的风险，通常与政治、法律、监管、经济和环境因素有关。如果这些风险中的任一风险很大，项目也许不必再进行战略业务层或项目层的风险评估。

10.5　公司层、战略业务层和项目层的风险管理模型

组织在进行风险管理时，每个层级都要应用工具和技术。这些工具和技术被用于风险识别和分析，构成了投资评价的基础。每个层级都要确定利益相关者，他们可参与风险管理过程。应确定这些利益相关者，记录他们的需求和相对重要性。为评估不同层级的风险，可以应用不同的工具和技术。这些技术可普遍应用于风险管理过程中的每个层级，但某些技术相对更适合于特定的层级。图 10.5 解释了风险管理机制中的层级和各个层级所要求的输入。每个层级所使用的工具和技术由风险分析师决定，并与该层级的评估类型有关。

图 10.5 将组织分为公司层、战略业务层和项目层。每个层级的风险管理都要使用相应的工具和技术，考虑利益相关者的需求，这个过程形成了风险管理机制的基础。

图 10.6 给出了风险管理周期，它包括公司层、战略业务层和项目层的风险识别、分析和控制。风险管理周期是动态的，在项目投资的寿命周期内应该是连续的。

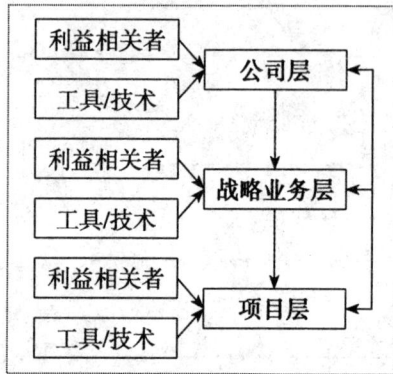

图 10.5   风险管理机制

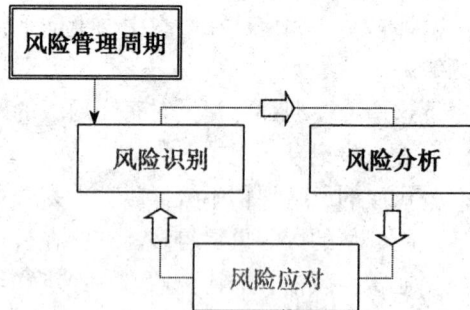

图 10.6   风险管理周期

如图 10.7 所示，我们提出的风险管理机制考虑了图 10.6 中的风险管理周期，这个机制用于组织中各个层级的特有风险的识别、分析及应对。如图 10.6 所示，风险管理过程是动态的，在投资的整个寿命周期中是一个连续不断的循环过程。

图 10.7 表明了组织内各层级应该实施的过程、牵涉的利益相关者以及相应采用的风险管理工具和技术。

风险管理的第一步是在公司层进行投资评估，确定投资的总体目标。在战略业务层，项目团队必须要确定和识别投资，清楚地理解投资目标。在这个阶段，组织的各个层级应当定义这一层级上投资的含义。例如，业务或项目要求、客户要求的规格、工作任务分解、成本估计、项目计划、融资的成本和类型以及项目执行计划。这通常要利用历史数据、组织的特定知识以及与手头项目和组织的总体目标有关的具体信息。

风险识别过程是通过使用适合项目类型的各种技术和可用资源来完成的。在这个阶段，把风险分配给其所有者，目的是为了用最胜任的人来控制和管理风险。已经识别的风险和其负责人（所有者）都要被记录下来，这些信息将作为战略业务单元层的数据库。

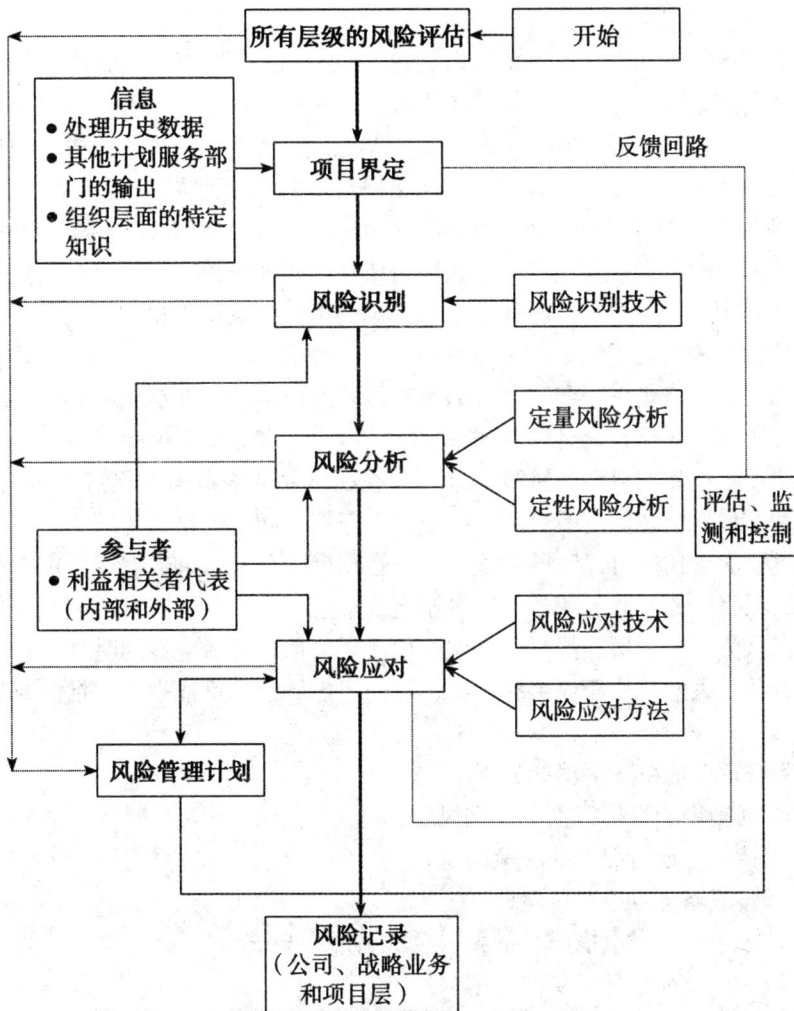

图 10.7 组织内各层级的风险评估

接下来，对风险识别阶段所收集的信息进行分析。运用风险分析工具和技术（定性的或定量的），对组织中各层级的特定项目风险进行全面的分析，确定风险发生的可能性及其影响，以及风险的敏感性。

完成风险识别和分析过程后，就应制定应对风险的策略。这个过程可通过使用风险应对方法和技术来完成。如果决策的目的是减弱风险，相应地就要评估和预计减缓风险措施的成本。各层级保留的风险将被记录在风险记录册中，并经常检查。

在这个模型中，利益相关者尤其重要。风险评估过程（识别、分析和应对）的每个层级都涉及利益相关者，他们在每个阶段都有投入。这个模型使得每个阶段的信息能够在组织中向前或向后流动，从而可以连续地监测、评估和控制风险。

模型处理完全部信息后，就可以构建和执行风险管理计划。这个计划是项目执行的不可或缺的一部分，需要考虑资源、角色和责任、工具和技术以及产成品的交付。这个计划包括风险记录的检查、监控风险的发生和进行报告。模型的最终输出结果表现为公司层、战略业务层和项目层的风险记录。

反馈也是这个模型的一个重要工具，组织可通过反馈从成功和失误中汲取内部和外部的经验教训。反馈有助于在项目层和战略业务单元层以及对风险管理本身进行持续改进。反馈是从已知和不可预见的事件中收集数据的连续过程。反馈信息在战略业务单元层汇集，并在整个组织中传播。

公司层、战略业务层和项目层的风险评估和风险记录在组织的各个层级都可获得。第7、8、9章分别讨论过这些层级的风险管理。全面风险记录合并了公司层、战略业务层和项目层的风险记录，它在战略业务层级得到更进一步的开发，并且随着项目的发展而不断更新。在战略业务层以相同的格式对项目进行风险评估是很重要的，这样可以为所有项目提供数据库。通过查询数据库，可以获得有关未来的项目、战略业务和公司决策制定的信息。

我们认为，公司层、战略业务层和项目层的风险评估应该同时进行。在评估的任何时期，风险可从任何层级浮出，从而可能导致项目或投资被批准或被暂时搁置。

风险管理评估系统的功能如下：
- 根据确定的目标识别和管理风险；
- 支持不确定情况下的决策制定；
- 调整战略，以应对风险；
- 积极主动地采取措施，最大限度地利用机会；
- 增加项目和业务成功的几率；
- 加强沟通和团队精神；
- 对变化的主要动因重点管理。

图10.8表示了风险管理模型以及组织中各层级的相互作用。关于风险评估和风险记录的信息在组织中自由传递。

在这个模型中，战略业务层是公司层和项目层的连接体。在战略业务层要指派风险官，其责任是记录公司层、战略业务层和项目层的风险管理，所识别出的重大风险都要记录下来。从公司层、战略业务层和项目层收集的全部信息，经核对、整理后被传递给风险官。风险官直接与公司层和项目层的风险管理人员取得联系。这个模型可确保组织中的各个层级都对全面风险记录做出贡献。

被保留和减弱的风险的管理者和所有者存在于组织的公司层、战略业务层或项目层，这取决于风险是来源于哪个层级。例如，产生于项目层的风险由项目经理拥有并管理。项目经理的风险评估和风险记录将被传递给战略业务层的风险

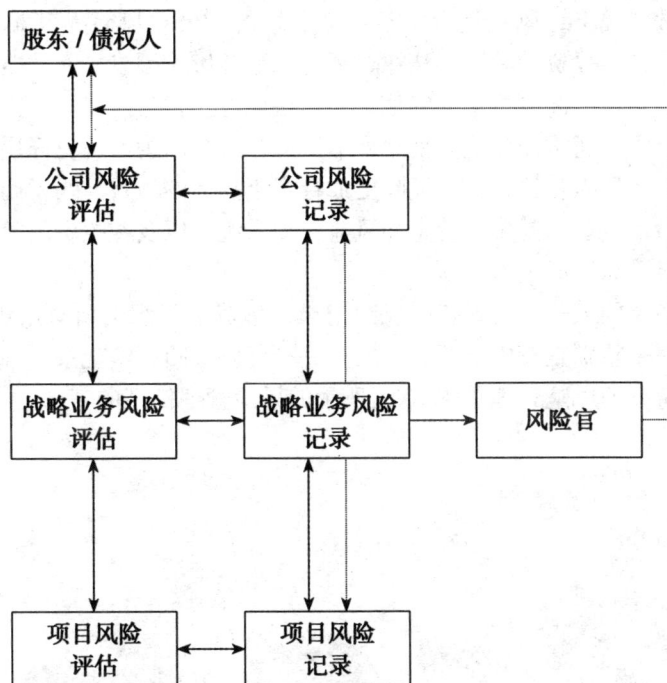

图 10.8　风险管理模型

官。风险官审查全面风险记录，并且随着项目的进展，通知公司层和战略业务层有关风险评估的任何变化。

组织的战略业务层作为公司层和项目层的连接体记录风险，其好处有：

- 战略业务层与公司层和项目层紧密联系；
- 任命风险官负责风险数据库；
- 公司层和项目层都可利用针对项目特有风险的信息；
- 公司层和项目层都可利用所有的风险管理系统和信息；
- 利益相关者容易得知组织的各个层级的风险管理情况；
- 集中协调地管理遍及组织的风险。

为使模型发挥作用，需要定期检查和审计，风险官也要促成在公司层、战略业务层和项目层进行风险研讨。

新风险、管理这些风险的成本以及各层级已识别的所有现行风险的状况，都要被记录到全面风险记录数据库中。

10.6　本章小结

本章明确了典型组织的公司层、战略业务层和项目层。各层级负责管理已识别的风险，确保关于这些风险的信息在其他层级也可以被利用。

　　在大多数情况下，风险是特定于各个层级的。公司风险尤其难以量化和管理。这些风险包括投资的政治、法律、环境和财务影响因素。在战略业务层，可利用的信息更多，因此可更加详细地评估这些风险。

　　项目风险管理通常需要更详细地评估风险，这是因为，与更高层级的战略业务层和公司层的风险相比，这些风险更加特定于具体的项目。为了确保能够管理各层级的风险，重要的是要实行全面风险管理系统，以及在投资的整个寿命周期内管理各层级已识别的风险。

　　战略业务层的风险官所保持的风险记录，形成了组织的所有层级的数据库。利益相关者——特别是投资于项目的股东——可以查阅风险记录。

　　周期性持续的风险管理是图 10.8 所示的风险管理模型的基础。

参考文献

Abell, D. (1980). *Defining the Business – The Strategic Point of Strategic Planning.* Prentice Hall, Englewood Cliffs, NJ.

Alabastro, M. A., Beckmann, G., Gifford, G., Massey, A. P. and Wallace, W. A. (1995). The Use of Visual Modelling in the Design and Manufacturing Process for Advanced Composite Structures. *IEEE Transactions of Engineering Management*, Vol. 42, No. 3, pp. 233 – 242.

Al-Bahar, J. F. and Crandell, K. C. (1990). Strategic Risk Management Approach for Construction Projects. *ASCE Journal of Construction Engineering and Management*, Vol. 16, No. 3, September.

Allen, D. (1995). *Risk Management in Business.* Cambridge University Press, Cambridge.

Andrews, K. A. (1998). The Strategist: The Concept of Corporate Strategy. *The Strategy Process*, 3rd Edition, Edited by Mintzberg, H. *et al.* Prentice Hall, Englewood Cliffs, NJ.

Ansell, J. and Wharton, F. (1995). *Risk: Analysis Assessment and Management*, John Wiley & Sons, Chichester.

Archibald, R. D. and Lichtenberg, S. (1992). Experiences Using Next Generation Management Practices. *Proceedings of the INTERNET World Congress on Project Management*, Florence, Italy, Vol. 1, pp. 83 – 97.

Ariani (2001). Country Risk in Infrastructure Finance. MSc Thesis, UMIST, Manchester.

Artto, K. A. (1997). *Fifteen Years of Risk Management Applications: Where are we going in managing risks?*. Edited by Kahkonen, K. and Artto, K. A. E&FN Spon, London, pp. 3 – 14.

Bartlett, C. A. and Ghoshal, S. (1994). Changing the Role of Top Management: Beyond Strategy to Purpose. *Harvard Business Review*, November – December, pp. 79 – 88.

Benoit, P. (1996). Project Finance at the World Bank – An Overview of Policies and Instruments. *Technical Paper No. 312.* World Bank, Washington, DC.

Bernes, B. (1996). Managing Change: A Strategic Approach to Organisational Dynamics. *Strategic Management*, 2nd Edition, Ch. 5. FT Prentice Hall, Harlow.

Birchall, J. and Morris, G. (1992). *Business Studies: What is Business?*. Nelson, Cheltenham.

Blanden, R. (2002). What is strategy? *Project*, Vol. 15, Issue 2.

Blank, S. (1980). *Assessing the Political Environment: An Emerging Function in International Companies*, *The Conference Board*. New York: Haggard.

Blythe, J. (1998). *Essentials of Marketing*. Pitman, London.

Borge, D. (2001). The Book of Risk: Risk Taking. John Wiley & Sons, Chichester.

Bower, D. and Merna, A. (2002). Finding the Optimal Contractual Arrangement for Projects on Process Job Cites. *Journal of Management in Engineering*, Vol. 18, No. 1, pp. 17 – 20.

Bowman, C. and Ash, D. (1987). *Strategic Management*. Macmillan, London.

Brealey, R. A. and Myers, S. C. (2000). *Principles of Corporate Finance*, 7th Edition. McGraw-Hill, New York.

British Standard (1996). *BS 8444: Risk management*, *Part 3 Guide to analysis of technological systems – application guide*. British Standards Institution, London.

Bussey, L. E. (1978). *The Economic Analysis of Industrial Projects*. Prentice Hall, Englewood Cliffs, NJ.

Cadbury Report on Corporate Governance (1992). Prepared by Sir John Cadbury. Gee (Professional Publishing), London.

Central Computer and Telecommunication Agency (CCTA) (1994). *Guide to Programme Management*. The Stationery Office, London.

Chambers, I. and Wallace, D. (1993). *Collins Gem. Business Studies: Basic Facts*. Harper Collins, Glasgow.

Chapman, R. (1998). The Effectiveness of Working Group Risk Identification and Assessment Techniques. *International Journal of Project Management*, Vol. 16, No. 6, p. 337, Surrey.

Chapman, C. B. and Ward, S. C. (1997). *Project Risk Management: Processes, Techniques and Insights*. John Wiley & Sons, Chichester.

Clarke, K. (1993). Survival Skills for a New Breed. *Management Today*, December, p. 5.

Cole, M. (2002). Measure of Success. *New Civil Engineer*, 14 March, p. 14.

Collins English Dictionary (1995). Harper Collins, Glasgow.

Collins, J. C. and Porras, J. (1996). Building Your Company's Vision. *Harvard Business Review*, September – October, pp. 65 – 77.

Conklin, D. and Tapp, L. (2000). The Creative Web. *Ivey Business Journal*, May.

Connaughton, J. N. and Green, S. D. (1996). *Value Management in Construction: A client's guide.* CIRIA, London.

Cooper, D. and Chapman, C. (1987a). Basic Approaches to Risk Analysis. *Risk Analysis for Large Project: Models, Methods and Cases Studies*, Ch2. John Wiley & Sons, New York.

Cooper, D. and Chapman, C. (1987b). *Risk Analysis for Large Project: Models, Methods and Cases.* John Wiley & Sons, Chichester.

Cooper, R. G., Edgett, S. J. and Klienschmidt, E. J. (1998). *Portfolio Management for New Products.* Perseus, New York.

Cornell, B. (1999). *The Equity Risk Premium: The Long-Run Future of the Stock Market.* John Wiley & Sons, Chichester.

Coyle, B. (2001). *Interest Rate Options.* Financial World Publishing, Canterbury.

Cuthbertson, K. and Nitzsche, D. (2001). *Financial Engineering: Derivatives and Risk Management.* John Wiley & Sons, Chichester.

Damodran, A. (1997). *Corporate Finance, Theory and Practice.* John Wiley & Sons, New York.

David, F. R. (1989). How Companies Define their Mission. *Long Range Planning*, Vol. 22, No. 1, pp. 90 –97.

Davies, D. (2000). Holistic Risk Management. *Project Today*, pp. 10 – 11.

Dawson, P. J., Mawdesley, M. J. and Askew, W. H. (1995). A Risk Perspective Approach to Risk Management. *A Construction Organisation: First International Conference on Construction Project Management*, Singapore.

Department of Trade and Industry (1996). *Protecting Business Information: 1 (Understanding the Risks)* and *11 (Keeping it Confidential).* DTI, London.

Desta, A. (1985). Assessing Political Risk in Less Developed Countries. *Journal of Business Strategy*, Vol. 5, No. 4, pp. 40 – 53.

De Wit, B. and Meyer, R. (1994). *Strategy – Processes, Content: Context, An International Perspective.* West, New York.

Diekmann, J. E., Sewester, E. F. and Taher, K. (1998). *Risk Management in Capital Projects.* The Construction Industry Institute. Austin, TX.

Dobins, R. *et al.* (1994). *Portfolio Theory and Investment Management: An Introduction to Modern Portfolio Theory*, Blackwell Science, Oxford.

Dybvig, P. H. (1998). Distributional Analysis of Portfolio of Choice. *Journal of Business*, Vol. 61, Issue 3 (July), pp. 369 – 393.

Elbing, C. (2000). Management of Large Projects in City Centres: A case study. MSc Dissertation, Weimar University.

Ellis, J. and Williams, D. (1995). *International Business Strategy – Strategy,*

Performance and Process. Pitman, London.

Ellis, T. S. , Jiang, J. J. and Klein, G. (2002). A Measure of Software Development Risk. *Project Management Journal*, Vol. 33, No. 3, pp. 30 – 41.

Eloff, J. H. et al. (1995). Information Security – the next decade. *11th International Conference on Information Security*, Athens.

Energy Information Administration (2001) . Financial Performance. September. Online: http://www. fedstats. gov/key_stats/EIAkey. html.

Esty, B. C. (2004). *Modern Project Finance: A Case Book.* John Wiley & Sons, New York.

Fabozzi, F. J. (2002). *The Handbook of Financial Instruments.* John Wiley & Sons, New York.

Fabozzi, F. J. and Markowitz, H. M. (2002). *The Theory and Practice of Investment Management.* John Wiley & Sons, New York.

Fachtagung Projektmanagement(1998). *Bundesprojekte Deutsche Einheit.* Deutscher Verband Projektsteuerer, Berlin.

Falsey, T. A. (1989). *Corporate Philosophies & Mission Statements.* Quorum, New York.

Field, M. and Keller, J. (1999) . *Project Management.* Thompson Business Press. London.

Financial Times (2004). Loan deal paves way for liquid PDI market. FT Companies and Markets, 27 September.

Finkel, A. M. (1990). Confronting Uncertainty in Risk Management: A Guide for Decision-Makers. *Resources for the Future.* Center for Risk Management, Washington, DC.

Fischhoff, B. , Lichenstein, S. , Slovic, P. , Derby, S. and Keeney, R. (1983). *Acceptable Risk.* Cambridge University Press, New York.

Flanagan, R. and Norman, G. (1993) . *Risk Management and Construction*, Blackwell, Oxford.

Foster, C. (2002). Time is on the side of PPP as partnerships grows up. *Sunday Herald, Glasgow*, 21 July.

Frank, M. and Merna, T. (2003) . Portfolio Analysis for a Bundle of Projects. *Journal of Structured and Project Finance*, Vol. 9, No. 3, Fall, pp. 80 – 87.

Fraser, B. W. (2003) Managing Risk Proactively. *Strategic Finance*, Vol. 84, No. 10. pp. 36 – 40.

Fraser, D. R. *et al.* (1995). *Commercial Banking: The Management of Risk.* West, Minneapolis.

French, D. and Saward, H. (1983). *A Dictionary of Management*. Pan, London.

Frosdick, S. (1997). The Techniques of Risk Analysis Are Insufficient in Themselves. *Disaster Prevention and Management*, Vol. 6, No. 3.

Galitz, L. (1995). *Financial Engineering: Tools and Techniques to Manage Financial Risks*. Pitman, London.

Ganas, M. (1997). Value-Based Feasibility Studies. MSc Dissertation, UMIST, Manchester.

Gareis, R. (1998). The New Project Management Paradigm. 14*th World Congress on Project Management*, *Ljubljana*, *Slovenia*.

Ghasemzadeh, F. and Archer, N. P. (2000). Portfolio Selection Through Decision Support. *Decision Support Systems*, Vol. 29, pp. 73 – 88.

Glen, J. D. (1993). How Firms in Developing Countries Manage Risk. *Discussion Paper No. 17*. International Finance Corporation (IFC), Washington, DC.

Goodman, S. H. (1978). *Financing and Risk in Developed Countries*. Praeger, New York.

Goold, M. and Campbell, A. (1989). Good ' corporate parents ' can see off ' unblunders '. *Financial Times*, Letter, 6 November.

Gorog, M. (1998). Pre-requisites and Tools for Strategy Orientated Project Management. 14*th World Congress on Project Management*, *Ljubljana*, *Slovenia*.

Gratt, L. B. (1987). Risk Analysis or Risk Assessment: A proposal for consistent definitions. *Uncertainy in Risk Managenment*, *Risk Assessment*, *Risk Management and Decision Making*. Plenum Press, New York, pp. 241 – 249.

Gregory, G. (1997). Decision Analysis. Pitman, London.

Grundy, T. (1998). Strategy Implementation and Project Management. *International Journal of Project Management*, Vol. 16, No. 1, pp. 43 – 50.

Grundy, T. (2000). Strategic Project Management and Strategy Behaviour. *International Journal of Project Management*, Vol. 18, No. 1. pp. 93 – 103.

Gutlnann, P. (1980). Assessing Country Risk. *NatWest Bank Quarterly Review*, May, pp. 58 – 68.

Haendel, D. (1979). *Foreign Investment and The Management of Political Risk*. Westview Press, Boulder, CO.

Handy, C. (1999). *Beyond Certainty: The changing worlds of organisation*. Harvard Business School Press, Boston, MA.

Harley, M. (1999). Integrated risk management – the complete guide to a new way of looking at risk and its management. Financial Times Information Management Report.

Haynes, M. E. (1990). *Project Management: From idea to implementation*. Kogan,

London.

Heald, D. (2003). PFI accounting treatment and value for money. *Accounting, Audit and Accountability Journal*, Vol. 16.

Hefferman, S. (1986). *Sovereign Risk Analysis*. Unwin Hyman, London.

Hertz, D. B. and Thomas, H. (1983a). *Risk Analysis and its Applications*. John Wiley & Sons, Chichester.

Hertz, D. and Thomas, H. (1983b). *Practical Risk Analysis – An approach through case studies*. John Wiley & Sons, Chichester.

Hetland, P. W. (2003). Uncertainty Management. *Appraisal, Risk and Uncertainty*, Edited by Smith, N. J. Thomas Telford, London.

Higgins, R. C. (1995). *Analysis For Financial Management*, 4th Edition. Irwin, New York.

Hillson, D. (1998). Project Risk Management: Future Developments. *International Journal of Project and Business Risk Management*, Vol. 2, Issue 2, Summer.

Houlden, B. (1990). *Understanding Company Strategy: An Introduction to Thinking ami Acting Strategically*. Biackwell, Oxford.

Hugenholtz, K. (1992). Ethic, not efficiency first, decision makers will need new skills: project managers are the last to know. Project Management without Boundaries. Internet, Florence, Italy.

Hussey, D. E. (1991). The corporate planning process. *Introducing corporate planning – guide to strategic management*. Butterworths, London.

Hwee, N. G. and Tiong, R. L. K. (2001). Model on Cash Flow Forecasting and Risk Analysis for Contracting Firms. *International Journal of Project Management*, Vol. 20, pp. 351 – 363.

ICE design and practice guide (1996). *Creating Value in Engineering*. Thomas Telford, London.

International Journal of Project and Business Risk Management (1998). Embedded Operational Risk Management and Key Competencies in the Modern Adaptive. Organisation, Vol. 2, Issue 1, Spring.

Jaafari, A. (2001). Management of Risks, Uncertainties and Opportunities on Projects: Time for a fundamental shift. *International Journal of Project Management*, Vol. 19, pp. 89 – 101.

Jacob, M. (1997). Corporate Risk Management and the Use of Derivatives. MSc Thesis. UMIST, Manchester.

Jia, F and Jobbling, P. (1998). Expenditure and Cash Flow Forecasting Using an Integrated Risk, Time and Cost Model. *International Journal of Project and Business Risk*

Management, Vol. 2, Issue 4, Winter.

Jiang, J. J. and Klein, G. (2001). Software Project Risks and Development Focus. *Project Management Journal*, Vol. 32, No. 1, pp. 4 – 9.

Johnson, G. and Scholes, K. (1999). *Exploring Corporate Strategy*, 4th Edition. Prentice Hall Europe, Harlow.

Jong, Jian Yang (1995). The Re-engineering of Design Office – A case study of applying modelling techniques. MSc Thesis, UMIST, Manchester.

Kahkonen, K. and Artto, K. A. (1997). *Managing Risks in Projects: Institutional risk management*. E&FN Spon, London.

Kaplan, L. and Gerrick, G. (1981). On the Quantitative Definition of Risk. *Risk Analysis*.

Kaplan, R. S. and Norton, D. P. (1996). *The Balanced Scorecard – Translating Strategy into Action*. Harvard Business School Press, Boston, MA.

Keasey, K., Thompson, S. and Wright, M. (1997). *Corporate Governance: Economic, Management and Financial Issues*. Oxford University Press, Oxford.

Kedar, B. Z. (1970). Again: Arabic Risq, Medieval Latin Riscum. *Studi Medievali*. Centro Italiano Di Studi Sull Alto Medioevo, Spoleto.

Khu, S. (2002). An Investigation to Determine the Allocation of Financial Instruments Associated with the Risks Identified in Project Activities. PhD Thesis, UMIST, Manchester.

Kolluru, R., Bartelli, S., Pitblado, R. and Stricoff, S. (1996). *Risk Assessment and Management Handbook: For Environmental, Health and Safety Professionals*. McGraw-Hill, New York.

Lamb, D. and Mema, A. (2004a). *A Guide to the Procurenlent of Privately Financed Projects*. Thomas Telford, London.

Lamb, D. and Mema, A. (2004b). Development and Maintenance of a Robust Public Sector Comparator. *Journal of Structured and Project Finance*, Vol. 10, No. 1, p. 162.

Lane, K. (1993). A Project Culture Permeates the TSB. *Project Manager Today*, February, pp. 24 – 25.

Langtord, D. and Male, S. (2001). *Strategic Managenment in Construction*. Blackwell Science, Oxford.

Leavy, B. (1984). Country Risk for Foreign Investment Decision. *Long Range Planning*, Vol. 17, No. 3, pp. 141 – 150.

Leftly, M. (2003). Big Three to Bid for PFI Hospital Bid. *Building Magazine*, May.

Leiringer, R. (2003). Technological Innovations in the Context of Public Private

Partnership Projects. Doctoral Thesis, KTH Industrial Economics and Management, Stockholm.

Lifson, M. W. and Shaifer, E. F. (1982). *Decision and Risk Analysis for Construction Management.* John Wiley & Sons, Chichester.

Lockitt, W. G. (2000). *Practical Project Management for Education and Training.* FEDA, London.

Logan, Twila Mae (2003). Combining Real Options and Decision Tree: An Integrated Approach for Project Investment Decisions and Risk Management. *Journal of Structured and Project Finance.* Vol. 9, No. 3, Fall.

London Stock Exchange(2002). Online: http://www. londonstockexchange. com.

Loose, P. (1990). *The Company Director: His functions, powers and duties*, 6th Edition. Jordan, Bristol.

MacCrimmon, K. R. and Wehrung, D. A. (1986). *Taking Risks.* Free Press, New York, pp. 36 – 37.

Mandelson, P. and Liddle, R. (1996). Can Britain survive? *Observer*, 2 August 1998.

March, J. G. and Shapira, Z. (1987). Managerial Perspectives on Risk and Risk Taking. *Management Science*, Vol. 33, pp. 1404 – 1418.

March, J. G. and Shapira, Z. (1992). Variable Risk Preferences and Focuses of Attention. *Psychological Review*, Vol. 99, No. 1, pp. 172 – 183.

Marshell, C. (2000). *Measuring and Managing Operational Risks in Financial Institutions: Tools, techniques and other resources.* John Wiley & Sons, Chichester.

Maylor, H. (1996). *Project Management: The nature and context of project management.* Pitman, London.

McCoy, C. S. (1985). *Management of Values.* Ballinger, Cambridge.

McDowall, E. (2001). Bundling School PFI Contracts. *Facilities Management*, March, pp. 8 – 9.

McNamee, P. B. (1985). *Tools and Techniques for Strategic Management.* Pergamon Press, Oxford.

Merna, A. and Dubey, R. (1998). *Financial Engineering in the Procurement of Projects.* Asia Law & Practice, Hong Kong.

Merna, A. and Khu, F. L. S. (2003). The Allocation of Financial Instruments to Project Activity Risks. *Journal of Project Finance*, Vol. 8, No. 4, pp. 21 – 33.

Merna, A. and Merna, T. (2004). Development of a Model for Risk Management at Corporate, Strategic Business and Project Levels. *Journal of Structured and Project Finance*, Vol. 10, No. 1, pp. 79 – 85.

Merna, A. and Njiru, C. (1998) . *Financing and Managing Infrastructure Projects*. Asia Law & Practice, Hong Kong.

Merna, A. and Njiru, C. (2002). *Financing Infrastructure Projects*. Thomas Telford, London.

Merna, A. and Owen, G. (1998). *Understanding the Private Finance Initiative – The New Dynamics of Project Finance*. Asia Law & Practice, Hong Kong.

Merna, A. and Smith, N. J. (1996) . *Projects Procured by Privately Financed Concession Contracts*, Vols. 1 and 2. Asia Law & Practice, Hong Kong.

Merna, A. and Smith, N. J. (1999). Privately financed infrastructure for the 21st century. *Proceedings of the Institution of Civil Engineers. Civil Engineering*, Vol. 132, November, pp. 166 – 173.

Merna. T. (2002). Risk Management at Corporate, Strategic Business and Project Level. MPhil Thesis, UMIST, Manchester.

Merna. T. (2003) . Management and Corporate Risk. *Appraisal, Risk and Uncertainty*, Edited by Smith, N. J. Thomas Telford, London.

Merna, T. and Young, R. (2005) . Portfolio Analysis for a Bundle of Investments. BT Conference Paper, Manchester.

Merrett, A. J. and Sykes, A. (1983). *The finance and analysis of capital projects*, 2nd edition. Longman, London.

Meta Group (2002) . The Business of Portfolio Management: Balancing Risk, Innovation and ROI. January, Stamford.

Meulbroek, L. (2002) . *Integrated Risk Management for the Firm: A Senior Manager's Guide*. Harvard Business School Press, Boston, MA.

Mills, R. and Turner, R. (1995). Project for Shareholders' Value. *The Commercial Project Manager*, Edited by Turner, J. R. McGraw-Hill, New York.

Mintzberg, H. (1984) . Who Should Control the Corporation? *California Management Review*, Vol. 27, Fall, pp. 90 – 115.

Mokhiber, R. and Weissnan, R. (2001) . Corporate Manslaughter? Common Dreams News Center, 17th March.

Monbiot, G. (2000). *Captive State: The Corporate Takeover of Britain*, Pan, London Morris, P. W. G. and Hough, G. (1987). *The Anatomy of Major Projects*. John Wiley & Sons, Chichester.

Munro, E. (2001). The world of project bundling: a dream or a nightmare? *PFI Intelligence Bulletin*, January.

Nagy, P. J. (1979). *Country Risk: Quantity and Monitor it*. Euromoney, London.

Nevitt, P. K. (1983) . *Project Finance*, 4th Edition. Bank of America Financial

Services, New York.

Newland, K. E. (1992). On behalf of the APM SIG for Risk Management Benefits of Risk Analysis and Management, Project, November.

Newland, K. E. (1997). Benefits of Project Risk Management to an Organisation. *International Journal of Project and Business Risk Management*, Vol. 1, Issue 1, Spring.

Norris, C. (1992). The Management of Risk in Engineering Projects. MPhil Dissertation, UMIST Manchester.

Norris, *C. et al.* (2000). *Project Risk Analysis and Management. A Guide by the APM.* Association for Project Management, Norwich.

Norton, B. R. and McElligott, W. C. (1995). *Value Management in Construction.* Macmillan, London.

Office of Government Commerce (2002). OGC Guide on Certain Financing Issues in PFI Contracts. Private Finance Unit, 31 July, London.

Oldfield, A. and Ocoke, M. (1999). 3rd Annual. *Risk Symposium Proceedings, Risk Assessment for Strategic Planning. Project Manager Today*, October, p. 358.

Ould, M. A. (1995). *Business Process – Modeling, and analysis for re-engineering and improvement.* John Wiley & Sons, New York.

Oxford English Dictionary (1989). 2nd Edition. Clarendon Press, Oxford.

Parker, H. (1978). Letters to a New Chairman. *Director*, April – December, p. 265.

Parkinson, J. E. (1993). *Corporate Power and Responsibility.* Oxford University Press, Oxford.

Pearce, J. A. (1982). The Company Mission as a Strategic Tool. *Sloan Management Review*, Spring, pp. 15 – 24.

PFI Fact Sheet (2003). Sheet 5: Bundling. Online: www. scotland. gov. uk/pfi/documemts/fs5. pdf(April).

Pidgion, N. M. L. , Hood, C. , Jones, D. , Turner, B. and Gibson, R. (1992). Risk: Analysis, Perception and Management. Report of a Royal Society Study Group, London.

Pinkley, R. and Northcroft, G. B. (1994). Conflict Frames of Reference: Implications for dispute processes and outcomes. *Academy of Management Journal*, Vol. 37 No. 1, pp. 193 – 205.

PMBOK (1996). *A Guide to the Project Management Body of Knowledge.* Project Management Institute (PMI), USA.

Pollio, G. (1999). *International Project Analysis and Financing.* Macmillan, London.

Porter, M. E. (1987). From Competitive Advantage to Corporate Strategy. *Harvard*

Business Review, May/June, pp. 43 – 59.

Prahalad, C. K. and Hamel, G. (1998). The Core Competence of a Corporation: Strategy Formulation. *The Strategy Process*, 3rd Edition, Edited by Mintzberg, H. *et al.* Prentice Hall, Englewood Cliffs, NJ.

Public Private Partnership-Initiative NRW (2003). Finanzministerium des Landes Nordrhein-Westfalen. Online: http://www. ppp. nrw. de.

Pye, A. (2001). Corporate Boards, Investors and their Relationships: Accounts of accountability and corporate governing in action. *Corporate Governance*, Vol 19, NO. 3 July.

Rafferty, J. (1994). *Risk Analysis in Project Management.* E&FN Spon, London.

Rahman, T. (1997). Property Portfolio Construction in the UK Property Market. MScDissertation, UMIST, Manchester.

Reichmann, P. (1999). Profile Business. *Sunday Times*, 7 March, Section 3, p. 6.

Reiss, G. (2000). Information Systems for Programme Management. *The Handbook of Project Management*, Edited by Lock, D. Gower, Aldershot.

Rescher, N. (1983). *Risk: A Philosophical Introduction to the Theory of Risk Evaluation and Management.* University Press of America, Lanham, MD.

Rowe, W. D. (1977). *An Anatomy of Risk.* John Wiley & Sons, New York.

Ruster, J. (1996). Mitigating Commercial Risks in Project Finance. *Public Policy for the Private Sector*, *Note 69.* World Bank, Washington, DC.

Rutterford, J. and Carter, D. (1988). *Handbook of UK Corporate Finance.* Butterworths, London.

Sandvold, Ø. (1998). Programme Management: Added Value or Increased Overhead? *14th World Congress on Project Management, Ljubljana, Sloveria, 10 – 14 June.*

Sawacha, E. and Langford, D. A. (1984). Project Management and the Public Sector Client: Case studies. *Draft Paper CIB-W-65*, Brunel University.

Sealy, T. S. (2001). *International Country Risk*, May, Vol. XXI, No. 5. The Political Risk Services (IBC USA) Group Inc. , New York.

Select Committee on Environment, Transport and Regional Affairs, (1999). Memorandum by the Centre for Corporate Accountability, *HSE 20.*

Silk, M. , Tse, J. and Lui, R. (2002). Portfolio project financing: The Asian perspective. *Project Finance International*, July, London.

Simister, S. J. (1994). The Usage and Benefits of Project Risk Analysis and Management. *International Journal of Project Management*, Vol. 12, part 1.

Simon, P. *et al.* (1997). *Project Risk Analysis and Management Guide:*

PRAM. APM, Norwich.

Sitkin, S. B. and Pablo, A. L. (1992). Re-conceptualising the determinants of risk behaviour. *Academy of Management Review*, Vol. 17, pp. 9 - 39.

Skoulaxenou, E. (1994). The Use of Risk Analysis in Project Appraisal. MSc Dissertation, UMIST, Manchester.

Slapper, G. (1999). *Blood in the Bank: Social and Legal Aspects of Death at Work*. Ashgate, Dartmouth.

Slovic, P. (1967). The Relative Influence of Probabilities and Payoffs upon Perceived Risk of a Gamble. *Psychometric Science*, pp. 223 - 224.

Smith, J. E. (1975). *Cash Flow Management*. Woodhead-Faulkner, Cambridge.

Smith, N. (1995). *Engineering Project Management*. Blackwell Science, Oxford.

Smith, N. J. (1999). *Managing Risk in Construction Projects*. Blackwell Science, Oxford.

Smith, N. J. (2002). *Managing Risk in Construction Projects*, 2nd Edition. Blackwell, Oxford.

Smithson, C. W. (1998). *Managing Financial Risk: A guide to derivative products, financial engineering, and value maximization*. McGraw-Hill. New York.

Spackman, M. (2002). *Public-private partnerships: lessons from the British approach*. Economic Systems, London.

Spencer, A. (1983). *On the Edge of the Organisation: The role of the outside director*. John Wiley & Sons, New York.

Sullivan, W. G. , Wicks, E. M. and Luxhoj, J. T. (2003). *Engineering Economy*, 12th Edition. Pearson Education, Englewood Cliffs, NJ.

Sunday Times(2001). Brainstorming the Markets. Business Section, 23 September.

Taylor. B. and Hawkins, K. (1972). *A Handbook of Strategic Planning*. Longman, Harlow.

The Economist(2001). Risk New Dimension. 29 September.

The Economist (1998). Finance and Economics: Meet the Risk Mongers: Risk Management Moves In-house. 18 July.

Thompson, P. A. and Perry, J. G. (1992). Engineering Project Risks - A guide to project risk analysis and assessment. *SERC Project Report*, Vol. 15, No 1, London.

Thunell, L. H. (1977). *Political Risks in International Business: Investment and Behaviour of Multinational Corporations*. Praeger, New York.

Tinsley, R. (2000). *Advanced Structured Financing: Structured Risk*. Euromoney Books, London.

Toffier, A. (1985). *The Adaptive Corporation*. Gower, Aldershot.

Traynor, V. T. (1990). Project Risk Analysis. MSc Thesis. UMIST, Manchester.

Tricked, R. I. (1994). *International Corporate Governance: Text, Reading and Cases.* Prentice Hall, Singapore, p. 9.

Turnbull Report (1999). *Internal Control: Guide for Directors on the Combined Code.* Institute of Chartered Accountants, London, September.

Turner, J. R. (1994). Project Management: Future Development for the Short and Medium Term. *International Journal of Project Management*, Vol. 12, No. 1, pp. 3 – 4.

Turner, R. and Simister, J. (2000). *The Handbook of Project Management*, Edited by D. Lock. Gower, Aldershot.

Tversky, A. and Kahneman, D. (1974). Judgement Under Uncertainty: Heuristics and Biases. *Science*, pp. 1124 – 1131.

Vernon, J. D. (1981). *An Introduction to Risk Management in Property Development.* The Urban Land Institute, Washington, DC.

Verway, A. and Comninos, D. (2002). Management Services: Business Focused Project Management. *Journal of the Institute of Management Resources*, January, p. 305.

Wearne, S. and Wright, D. (1998). Organisational Risks of Joint Ventures, Consortia and Alliance Partnerships. *International Journal of Project and Business Risk Management*, Vol. 2, Issue 1, p. 137.

Werner, F. M. and Stoner, J. A. F. (2002). Mathematical Limitations of the IRR Technique. *Fundamentals of Financial Managing.* Academic Press, Corvallis, OR.

Wharton, F. (1992). *Risk: Analysis, assessment, and management.* John Wiley & Sons, Chichester.

Wightman, D. (1998). Justifying Risk Management. *International Journal of Project and Business Risk Management*, Vol. 2, Issue 1, Spring, pp. 37 – 44.

Winch, G. M. (2002). *Managing Construction Projects: An Information Processing Approach.* Blackwell, Oxford.

Witt, E. (1999). Commercial Risk in a Portfolio of Projects. MSc Thesis, UMIST, Manchester.

Ye, S. and Tiong, R. L. K. (2000). NPV-at-Risk in Infrastructure Project Evaluation. *Journal of Construction Engineering and Management*, May/June, pp. 227 – 233.

Yoshimori, M. (1995). Whose Company is it? The Concept of the Corporation in Japan and in the West. *Long Range Planning*, Vol. 28, pp. 33 – 45.

Zahra, S. A. and Pearce, J. A. (1989). Board of Directors & Corporate Financial Performance: A Review and Integrative Model. *Journal of Management*, Vol. 15, pp. 291 – 334.

Ziegler, L. , Harrison, I. R. and Nozewick, A. (1996) . Anomalies in Prospect Theory：Risk Perception in Strategic Decision Behaviour. *International Seminar on Risk in Human Judgement and Decision Making , Leeds.*